T0191136

WORDSEARCH

WORDSEARCH

SIRIUS

SIRIUS

This edition published in 2024 by Sirius Publishing, a division of
Arcturus Publishing Limited,
26/27 Bickels Yard, 151–153 Bermondsey Street,
London SE1 3HA

ISBN: 978-1-3988-4464-3
AD011464NT

Printed in China

Shapes

```
V G L P E R O K K A M N E
V W K A K T S I R G P Y G
U S P D V I S S F M D Y D
E A U E D O O G O A P A E
T B M L T G E E O R H U W
N Z O V U I C U S G C N M
E M K L L N K A U O S A H
C H E K G M N R S L R T E
S A M R N M O A U E H L X
E Y W C E U C E B L E A A
R R G G N H W T M L L V G
C R A D A O P J O A I E O
O Z A U H S F S H R X H N
O R O T Q H C R R A U M I
V V B W S S V E R P S S B
```

◊ ANNULUS   ◊ HEXAGON   ◊ ROUND

◊ CRESCENT   ◊ KITE   ◊ SPHERE

◊ CROSS   ◊ ORB   ◊ SQUARE

◊ DISK   ◊ OVAL   ◊ STAR

◊ GLOBE   ◊ PARALLELOGRAM   ◊ TORUS

◊ HELIX   ◊ RHOMBUS   ◊ WEDGE

Citrus Fruits

```
W E R E U Q I N A T R O O
O S A U G K P A O D S M P
N O P O I E P U R A F R I
N O G Y U E R J O O V W Y
I E O Q T S U G B H U I Y
K M U R U T T N L C H Y N
I D O Z A A A A A Q O D
M G U O H U N H N L S K Y
R Y Q V A Q G S C A P A K
P A F X R M E U O M M N A
Y O N F A U R S X O I A N
Q G M G L K I O P N L Z O
N D D E P A N B D D G X M
H I X F L U E A B I U E E
U X G Y R O R K K N H L L
```

◊ AMANATSU   ◊ KIYOMI   ◊ POMELO

◊ CALAMONDIN   ◊ KUMQUAT   ◊ RANGPUR

◊ ETROG   ◊ LARAHA   ◊ SHANGJUAN

◊ IYOKAN   ◊ LEMON   ◊ TANGERINE

◊ KABOSU   ◊ OROBLANCO   ◊ UGLI

◊ KINNOW   ◊ ORTANIQUE   ◊ YUZU

Wales

```
L L E H K T I N T E R N U
U L E G A S A V M A N E R
J I I J K F U F B E N O C
R E D K I T E M F V D H I
C R O E S E R W S L A T E
C A U E Y R E B L P E O Z
B T E R E L W R E X H A M
A O N R E C R L L T S N T
N L W E N R S L L A D G N
G E K B O A Y A E D I L E
O S T F D H R Z S W V E W
R U E T R D E F Y D A S G
F R E A B E R L O F D E D
T G I R A D D E F N T Y D
B S Y W O P E R A M S U U
```

◊ ANGLESEY ◊ GWENT ◊ ST DAVID'S HEAD

◊ BANGOR ◊ LEEKS ◊ TAFF

◊ CAERNARFON ◊ POWYS ◊ TINTERN

◊ CHAPELS ◊ RED KITE ◊ TREFOR

◊ CROESERW ◊ RHYL ◊ USK

◊ DYFED ◊ SLATE ◊ WREXHAM

MAKE Words

```
I  S  Y  F  R  W  O  Y  S  M  V  A  E
F  T  F  I  H  S  R  J  E  I  A  M  S
P  L  Q  M  H  A  M  D  I  N  N  O  N
Y  T  U  U  M  F  L  H  E  S  O  O  E
R  S  P  E  I  K  P  H  L  J  I  M  S
F  U  N  O  F  C  I  R  H  T  S  J  A
S  D  V  K  E  S  K  O  A  P  E  O  R
S  D  F  Y  T  N  V  S  E  P  M  B  H
Z  C  E  O  R  B  R  E  A  K  R  R  R
Y  R  R  E  M  E  C  D  R  N  O  O  E
C  Y  I  U  V  H  N  E  J  R  F  O  S
L  J  E  N  E  A  A  V  T  E  D  M  A
E  U  O  S  T  D  Y  Y  M  A  I  F  E
A  C  R  S  Y  R  W  I  Y  T  B  O  S
R  H  A  J  G  P  T  P  Y  I  A  R  S
```

◊ A BID FOR

◊ A NOISE

◊ A STAND

◊ AMENDS

◊ CLEAR

◊ CONVERSATION

◊ FUN OF

◊ HISTORY

◊ IT QUICK

◊ MERRY

◊ MONEY

◊ OR BREAK

◊ READY

◊ ROOM FOR

◊ SENSE

◊ SHIFT

◊ SPEECHES

◊ TIME FOR

Counties of Texas

```
H I L B O S Q U E I M S Y
C T K W D R A W O H I A Q
W O C O W O J H H R L U F
I C O R G B J E Y O A Q G
L B C K D E O E G S M U R
B R S W E R L L R K A D E
A L S L O T T E R D J T T
R J A W O S Q R A I V V T
G E L M A O F L A R A Y O
E L G N D N U P E I I B P
R P A L O P I N T O P L R
T A L S E M J D B N P E A
L S E D E Y D D E A C H D
K O E W Q E R O O M P S E
E H T I M S F A E D A R A
```

◊ BOSQUE   ◊ HOWARD   ◊ PALO PINTO

◊ COOKE   ◊ IRION   ◊ POTTER

◊ DEAF SMITH   ◊ MEDINA   ◊ ROBERTSON

◊ EL PASO   ◊ MILAM   ◊ SHELBY

◊ GLASSCOCK   ◊ MOORE   ◊ WHEELER

◊ GUADALUPE   ◊ MOTLEY   ◊ WILBARGER

6   **Emotions**

```
T R C F H D K F E E F N H
L L E P I T Y E T O R O Y
O A I S K U U E W T L I C
R E M U Y T I D I P U T S
Z A J X G U G E A J R A F
Y Y I R Q W O N D E R R A
E K F S U O G M P J F T F
J V I O E E I I H R O S V
X D O T R H D T B W B U R
H C W L E A T Y O J O R E
E G E T T R Z R E L O F H
K F H I T P R I D E N F T
V N O E H O P O Y D A W A
H N K O S H T H R I L L R
K C O H S U M W R E T H W
```

◊ ANGER   ◊ GUILT   ◊ STUPIDITY

◊ DISMAY   ◊ LOVE   ◊ TERROR

◊ DISQUIET   ◊ PITY   ◊ THRILL

◊ ENMITY   ◊ PRIDE   ◊ TREPIDATION

◊ FEAR   ◊ SHOCK   ◊ WONDER

◊ FRUSTRATION   ◊ SORROW   ◊ WRATH

Halloween

```
D V V P E W I Z A R T O W
S M C I W S R M W K E U T
L K R D C S E M U T S O C
L E W M M Q O S C D S R Y
E N C H A N T E R U S O S
P Y R A C S P O O K Y L S
S S Z V A I K A L N A Y M
C W G Q R A N S G U C R R
T P F O T I E G T A N P A
A P P A R I T I O N N C H
B Q I F T F R N E V O C C
B R J R K T W A M A G I C
A H A M H O D K E P M W Y
S P A E T A C K C A L B K
X E P M A L N I K P M U P
```

◊ APPARITION   ◊ ENCHANTER   ◊ PUMPKIN LAMP

◊ BLACK CAT   ◊ FROGS   ◊ RITUALS

◊ CHARMS   ◊ MAGIC   ◊ SABBAT

◊ COSTUMES   ◊ MASKS   ◊ SCARY

◊ COVEN   ◊ PAGAN   ◊ SPELLS

◊ EERIE   ◊ PARTIES   ◊ SPOOKY

CROSS Words

```
S C A R A M H F E Y E F N
S E N O B E H C V I B C T
P S C H A C O L T L Y L F
K T D T T Z P E J A U R L
E E R A I D H G R A M P I
P A P E I O E G V P H V N
V I C L F R N E U P A O K
O R E S S E R D R P I O S
P Y C C T M R Y R T R B R
I U A D E D Z E C O S B E
G C R M E G K E N Y A J A
E C B P U E F C U C A D E
T E P U O N R U E N E V S
R E H E I S P B U H S W J
U X E D N I E R E D C S T
```

◊ BONES   ◊ INFECTION   ◊ PIECE

◊ BREED   ◊ LEGGED   ◊ PURPOSE

◊ CHECK   ◊ LINKS   ◊ REFERENCE

◊ DRESSER   ◊ MATCH   ◊ ROADS

◊ HAIRS   ◊ MEMBER   ◊ SECTION

◊ INDEX   ◊ PATCH   ◊ VAULT

Shells

```
E T U L O V O S U U I S C
I T R C S S Y S O L E N B
M R V H S I S N R O Z A R
O O E I W M T E A T F I A
S U R V A N E S L B U L N
S G G U K I R L G E R T O
Y H A Y M A H E F J E U J
A Y L E B Y A C F M U M T
R E T I R O P E L L I M E
K C V L H O E E V F P R P
N W O T B L H E B W M A M
F E O W C E R A S M U T I
K O S K R P A N C R R S L
T V I T R I N E L L A A N
W A S E S M E R E M E F E
```

◊ COWRIE   ◊ OYSTER   ◊ STAR

◊ HELMET   ◊ RAZOR   ◊ TOOTH

◊ LIMPET   ◊ RISSO   ◊ TROUGH

◊ MILLEPORITE   ◊ SIMNIA   ◊ TURBAN

◊ MORUM   ◊ SNAIL   ◊ VITRINELLA

◊ MOSSY ARK   ◊ SOLEN   ◊ VOLUTE

Bang

```
T G E T A D E K J S H E R
O J P B H B L H C T Y T E
H M E Y P R Y Y S A E N S
S A U A G E A Z F P R K O
M P R T E T A S I J R C U
T Z E L T T A R H K C A N
U U Y H C A A C D T L W D
O I O K W L E N P M U H T
L C C V F C C K O M N T E
C H L A E P C W H T E J K
Q S R B S O G S U R E N C
T A Y I N Q L N T O U D R
S M D K N A O N A L U E E
B S G O M G O S C L L C C
M J S R E D N U H T C N K
```

◊ CLANG   ◊ KNOCK   ◊ SLAM

◊ CLATTER   ◊ PEAL   ◊ SMASH

◊ CLOUT   ◊ RATTLE   ◊ THRASH

◊ CLUNK   ◊ RESOUND   ◊ THUMP

◊ CRACK   ◊ RING   ◊ THUNDER

◊ DETONATE   ◊ SHOT   ◊ THWACK

Gases

```
R E S T A N E V C N E C E
W B E R A L A E O B V N E
C X G B N M N E L Z E D C
H D E O Y I N A V G I P H
L A D N R R C G Y X H E O
O A L O O K V X O N N W K
R S U O D N O I E E E B E
O L C A N E D G T T J T D
F M M S C N O E F Y H J A
O P P F O R K N J E E Y M
R E D B T N U A R C T E P
M V R I Q E T H Y L E N E
H A N K R Y P T O N J O A
C C Y A N O G E N M E Z P
C E V U I M E M U L F O K
```

◊ BLACKDAMP

◊ CARBON DIOXIDE

◊ CHLOROFORM

◊ CHOKEDAMP

◊ CYANOGEN

◊ ETHER

◊ ETHYLENE

◊ FLUORINE

◊ HALON

◊ KETENE

◊ KRYPTON

◊ METHANE

◊ NEON

◊ NITROGEN

◊ OXYGEN

◊ OZONE

◊ RADON

◊ XENON

Occupations

```
T I W O W O H Y K E D U R
Z O K R E L C C Q G T E T
Q J L I K U C E A F V N K
R E N I R A M B F O A R B
F V C A P R U C R T C E R
C U T T E R J D S O O G E
A O A T N D I I O E M G V
R I R O U J S T E R B I I
N O R N G S U A E S U D R
S E A M A N E D R W D E D
V B H P A M J F G D S V F
V P O K F N K A R E M A Q
T H W X H L U L Q U A R P
S P P F E N B D I V N G O
Z I E M U R F I O M C J Z
```

◊ AIRMAN   ◊ CUTTER   ◊ MILKMAN

◊ BOXER   ◊ DRIVER   ◊ OMBUDSMAN

◊ CAPTAIN   ◊ DROVER   ◊ PILOT

◊ CLERK   ◊ GRAVEDIGGER   ◊ SEAMAN

◊ COACH   ◊ JUDGE   ◊ SHOP ASSISTANT

◊ CURATOR   ◊ MARINER   ◊ SORTER

C Words

```
C E V I T A R A P M O C I
Y T S U R C A G C Z L N D
G C A R C P E M K A E R O
N R X A L L T X N L O R C
I Y C S T H C D L H P A A
R H R S C G E A C E C G P
E T A E A S F I D C A U T
B C S H T T V A J E P O R
M I N I S A C A J L T C A
A F N E L S R I C B A R S
L E R C A L C C K A I E E
C C I C G O E C A P N T A
T E E U B Y O C P L C T C
A H E R C L O C E U Y E M
C X A U C G C R O C U S O
```

◊ CACHE   ◊ CLAMBERING   ◊ COUGAR

◊ CAESAR   ◊ CLANDESTINE   ◊ CRATER

◊ CAPTAINCY   ◊ CLAVICHORD   ◊ CRESTFALLEN

◊ CASCADE   ◊ CLOCK   ◊ CROCUS

◊ CASTLE   ◊ COBRA   ◊ CRUSTY

◊ CELLIST   ◊ COMPARATIVE   ◊ CULPABLE

Consumer Electronics

```
T L E R A N I T R A I S U
F D E N G H I N A R I C A
O A I N K F W H R D W I J
S I E M E N S U C N E N P
O E C V P N A I A O O O A
R Z R F I N S P M K M R N
C A S I O A O A O I Y T H
I L H M N D Z S A A P I U
M O A Y E G H I M J U S S
E R O B E H D A U O D C Q
R O N M R I H U E Z H Q V
W T U X V A B R E L R T A
E O F N X E I O F U P T R
M M E G T O S H I B A P N
L Y U G U J V C O W O N A
```

◊ APPLE   ◊ MICROSOFT   ◊ SIEMENS

◊ ARCAM   ◊ MOTOROLA   ◊ SITRONICS

◊ CASIO   ◊ NOKIA   ◊ THOMSON

◊ COWON   ◊ NVIDIA   ◊ TOSHIBA

◊ HINARI   ◊ PIONEER   ◊ VOXX

◊ HUSQVARNA   ◊ SANYO   ◊ YAMAHA

Plumbing

```
U S K L C V R E W O H S B
E K U K C O L R I A C Z F
H A E G L O L V J Q D T R
G E T K F T J D I F N O E
R L L K K C G W R T J T
E F O B W T H R E A D P L
S A D M O T E L I O T R I
T L F Z C W I D U N G E F
R U W C J O A U H H A P R
I D Y A B R F E V A L U E
C O F N S M A F I L T E E
T T R B A T H R O O M V V
O U W I I T E U Z R L D Z
R V F N N O G R S A C S L
Q P G J Y G H T V G B E B
```

◊ AIRLOCK   ◊ FLOAT   ◊ RESTRICTOR

◊ BATHROOM   ◊ FORCE   ◊ SHOWER

◊ BOILER   ◊ HEATING   ◊ THREAD

◊ COLD WATER   ◊ LEAKS   ◊ TOILET

◊ ELBOW   ◊ O-RING   ◊ VALVE

◊ FILTER   ◊ RADIATOR   ◊ WASTE

16

Cold

```
Y K R B I F Q Y Q P F Y Y
P A T D V Y T L Q L R E W
P E Y X D S S A J V E D F
I L F I O T I N Y L N R R
N B L R O C D B C A E O I
J E F N E H P I L E Z P G
G E Y B R O C N Z T J N I
Q X E F L I E I S J A B D
Y R E A U E N L T I H N P
G C R D R G U S L C Q N Z
G Y S G R S H I V E R U K
H K L Z H Y T N L Q I A X
Z S E C V P I U Z F T T B
A L E H E D W C E G N Z W
G S T R E M B L E X N U O
```

◊ ARCTIC   ◊ GELID   ◊ REPTILIAN

◊ BLEAK   ◊ GREENLAND   ◊ SHIVER

◊ DRY ICE   ◊ ICEBERG   ◊ SLEET

◊ FREEZING   ◊ ICICLE   ◊ SLUSH

◊ FRIGID   ◊ NIPPY   ◊ STONY

◊ FROSTY   ◊ POLAR   ◊ TREMBLE

Pantry Contents

```
E C O O K I S R A F T E T
P U I P I O D E A R S O E
T S U X E Y L W M G C J E
A G B C C D M I U Y U O E
E A A A O O D J V M H S I
M B E D Y R N U U E U T Q
E A L C A L I A T O O G F
C E R T U O E A G S K I S
N T S J H A S A N E A Y L
I U R L O O S N V D R E T
M B T T H R N T I E E O Y
O F M M N Z A E N S S R H
P E P P E R I M Y I I L G
I V C R A G E N I V M A P
O S L I T N E L A S A G R
```

◊ BAY LEAVES   ◊ MINT SAUCE   ◊ RAISINS

◊ CORIANDER   ◊ MUSTARD   ◊ SUGAR

◊ HONEY   ◊ NUTMEG   ◊ TEA BAGS

◊ LENTILS   ◊ OLIVE OIL   ◊ THYME

◊ MARJORAM   ◊ OREGANO   ◊ VINEGAR

◊ MINCEMEAT   ◊ PEPPER   ◊ YEAST

IN and OUT

```
D E E D N I D N A L N I I
O U T S I Z E O U T A N N
I N V R S N I I I A S C E
I O U T G O N N G O O E I
I V O U T F I T L A U N M
O N Z W E N E E F L T D H
U S S R O S N S M E S I S
T O I E I T U T R V T A I
C O O M N O T N Z O R R D
R U I N D T A Z U J E Y N
O T O U T L I T H U T A A
P C I N T E R E S T C E L
U A R I N A I V N J H U T
T S E G N I T I W T U O U
O T E K A T T U O N I Y O
```

◊ INCENDIARY ◊ INSOLENT ◊ OUTLANDISH

◊ INDEED ◊ INTEREST ◊ OUTRANK

◊ INFERIOR ◊ INTERNAL ◊ OUTSIZE

◊ INGEST ◊ OUTCAST ◊ OUTSTRETCH

◊ INLAND ◊ OUTCROP ◊ OUT-TAKE

◊ INSENTIENT ◊ OUTFIT ◊ OUTWIT

Saving Money

```
G  N  I  K  O  O  C  E  M  O  H  S  Q
G  T  F  S  Y  S  L  I  B  R  A  R  Y
E  N  V  O  T  W  R  R  H  Q  P  E  Z
Z  U  I  E  K  A  X  E  P  A  X  H  X
I  X  W  W  Z  P  Y  Q  F  T  O  C  L
S  H  X  U  E  S  W  I  P  F  G  U  L
N  T  A  B  D  S  G  I  N  N  O  O  O
W  G  C  G  X  E  G  N  I  G  E  V  D
O  R  N  Z  G  G  M  T  I  L  I  A  G
D  S  R  X  Y  L  T  A  C  D  R  N  E
R  B  A  B  V  I  I  Y  R  N  N  G  R
Q  A  A  L  N  X  C  N  I  K  T  E  S
K  N  X  K  E  I  P  N  G  K  E  G  M
K  F  M  B  B  S  G  Z  T  X  Q  T  C
P  C  S  T  N  U  O  C  S  I  D  D  S
```

◊ BICYCLE
◊ DARNING
◊ DISCOUNTS
◊ DOWNSIZE
◊ HAGGLING
◊ HOME COOKING

◊ KNITTING
◊ LIBRARY
◊ LODGERS
◊ MARKET
◊ MENDING
◊ OFFERS

◊ PIGGY BANK
◊ SALES
◊ SEWING
◊ STAYING IN
◊ SWAPS
◊ VOUCHERS

Sauces

```
Y U B U B X X T P J Y H D
R E R A T R A T R E W U F
R C F G E O O D H J S J N
U A Z P P B M W G I L T U
C E P Z Q M J A N L Y L O
A E T J B T X N T Q O E E
P S H T K C L Z E O N M F
E I N L E M H M O R N A Y
S B M T O U O A X W A H B
E U L U A E Q O S H I C X
E O W S S B K N R S S E Z
H S X H N T A I A H E B D
C R F A I J A S I L S U W
V E L O U T E R C E B U R
T L R E W N E U D O T Y M
```

◊ BECHAMEL   ◊ LYONNAISE   ◊ SOUBISE

◊ BLANQUETTE   ◊ MORNAY   ◊ TABASCO

◊ BROWN   ◊ MUSHROOM   ◊ TARTARE

◊ CHASSEUR   ◊ MUSTARD   ◊ TOMATO

◊ CHEESE   ◊ PEPPER   ◊ VELOUTE

◊ CURRY   ◊ PESTO   ◊ WHITE

Written by Hand

```
A E Z D A I R Y I C E V X
L E T T A R S T G P R S W
B N B A N K S K I Z I L R
S J O D B I T C F Q X E T
I K X I L R E T T E L B B
G E O O T R O P T B A A B
N P D O R A I M A H N L I
A O D Y B E C R G N R A Y
T L A R C S E I E Y U Q R
U E F E A M S R L P O V A
R V R E I C E E F P J N I
E N P N S P T K R N P L D
P E D E O S Y S M D L A M
F E E R A J A H O I D I V
R L T O P A H Y W P G A B
```

◊ ADDRESS BOOK   ◊ GIFT TAG   ◊ RECIPE

◊ APPLICATION   ◊ JOURNAL   ◊ REMINDER

◊ BANNER   ◊ LABELS   ◊ REPORT

◊ DIARY   ◊ LETTER   ◊ SIGNATURE

◊ ENVELOPE   ◊ POSTCARD   ◊ TO-DO LIST

◊ ESSAY   ◊ RECEIPT   ◊ WILL

Haunted House

```
Z N O I T I R A P P A O N
C U R S E M A Y W O O U P
K Y W H J Y L K N L N I O
C R R A N S P E L L D J M
I O U D O T O T E J L A Y
T T J O I E V N V L D B A
S A V W S R W A C P C O T
M R L S E Y Y Y R D H A M
O O O J S L V O E E I R O
O B O R T H F V A R L D S
R A K S R E Y R K A L D P
B L O Q S I M I I C I V H
D H M S M V M A N S N K E
G D O H U F N L G K G Q R
Z R K E M S I C R O X E E
```

◊ APPARITION

◊ ATMOSPHERE

◊ BROOMSTICK

◊ CHILLING

◊ CLAIRVOYANT

◊ CREAKING

◊ CURSE

◊ EXORCISM

◊ GHOSTLY

◊ LABORATORY

◊ MAD
   PROFESSOR

◊ MIRRORS

◊ MYSTERY

◊ NOISES

◊ OUIJA BOARD

◊ SCARED

◊ SHADOWS

◊ SPELL

Leftovers

```
X P A A R A R D E U K F T
G M L S R F R U L P W R S
K U S F M E D U N H A H E
E T T W G R V D H C S S C
V S U S L E E O E F T A E
A S B N P B S T G J E R I
C W B S W L G D T N Y T P
B A L H I S N A N I A H D
L R E S G N I V A E L H N
P F S U R N V R M V G Z A
U O S U D H A X B U G A S
F H I M H I H H D E S A T
O N R E F U S E E A D V I
S D B H V C C E O P A C B
M U E S N K F L R H W T P
```

◊ BITS AND PIECES　　◊ LITTER　　◊ STUMP

◊ DEBRIS　　◊ REFUSE　　◊ SWARF

◊ DREGS　　◊ RESIDUE　　◊ TAG END

◊ FOSSIL　　◊ RUINS　　◊ TRACE

◊ HANGOVER　　◊ SHAVINGS　　◊ TRASH

◊ LEAVINGS　　◊ STUBBLE　　◊ WASTE

CAN and TIN

```
T I N T C A N I C A N O L
E T I N T A C K A L T J A
T L E N R A T I N U I L N
E I D L R E C A N N N E A
E L N O T O D A P N A I C
L T C G O S H N N A S Z A
D I T I E N I N I C A Z N
N N I H T Y A H I T E I O
A O N C A N S C W T I L Y
C N A I A C A T D N J N N
A I H E A N I C I K I I A
N T N N L N V L M N W T C
I I I A P X C A N A N J N
T N M O A T I N S C O I I
E A T L E S N I T R N I T
```

◊ CANAL   ◊ CANTICLE   ◊ TINDER

◊ CANCEL   ◊ CANVAS   ◊ TINEA

◊ CANDLE   ◊ CANYON   ◊ TINGE

◊ CANINE   ◊ TIN LIZZIE   ◊ TINHORN

◊ CANNULA   ◊ TIN TACK   ◊ TINPOT

◊ CANOODLE   ◊ TIN WHISTLE   ◊ TINSEL

Pasta

```
E L L E T A I L G A T E U
I T R I I N I T O R O L K
L Z I A R E L A O C K S P
L S I L E E C F Q Y F E E
I S T E L L I N E L N L R
E W T L R E R B U N I H C
P K E T A L C M E P N F I
R T B N E R A I A H I F A
S U U Z G C L S F I L I T
U F T D O A T U L P L D E
L F U N N I S O T L E E L
E O I S N I I A E Z T O L
U L A A L V V M L I R S I
F I Y L A J E E Y J O O N
I C I R A G N O L O T T I
```

◊ AGNOLOTTI   ◊ PASTINA   ◊ STELLINE

◊ FIDEOS   ◊ PENNE   ◊ TAGLIATELLE

◊ FUSILLI   ◊ PERCIATELLI   ◊ TORTELLINI

◊ GEMELLI   ◊ RAVIOLI   ◊ TROFIE

◊ LASAGNE   ◊ ROTINI   ◊ TUBETTI

◊ LUMACONI   ◊ STELLE   ◊ TUFFOLI

Composers

```
Y S F U B E E T H O V O B
N A L V L I I D R E V P B
E N O S U I L E D O O C P
V L W F E B S T Y L N Y U
O N G U S M W Z E T I O C
H D P A C D N K T L N F C
T Y Y B R J I E V Q A T I
E A A A K L L I O N M E N
E H T C L E V A R G H B I
B E U E M A J A N A C E K
A L R A L N K T R C A R P
G O N D T N T K B N R S J
C N I T I Y L E D O O O I
Y N B L P U R C E L L L U
B C G V W I S E M A N I D
```

◊ ARNOLD   ◊ GLUCK   ◊ RACHMANINOV

◊ BEETHOVEN   ◊ HAYDN   ◊ RAVEL

◊ CORELLI   ◊ JANACEK   ◊ TELEMANN

◊ DELIUS   ◊ LISZT   ◊ VERDI

◊ ELGAR   ◊ PUCCINI   ◊ VIVALDI

◊ GLINKA   ◊ PURCELL   ◊ WOLF

```
A L E D I L S F S A R A N
S C S E K I F U W A S E T
R L H V R M M R K O T B L
E R E D S A S B P I I E L
T S A D A H G Y Y T L X A
O K P T G Y T D Y N T C B
O C L E T E R A O S S Z E
C I S P R L C Q O L J D S
S R O P C H E L Q M L K A
I B I U T P D J V H C S B
S K I P P I N G R O P E P
N W Z Y E N A Z L E E J D
B G I R B A M B K J F Z P
R O S N Z T E S N I A R T
F C K P G A S E L B B U B
```

◊ BASEBALL   ◊ PUPPET   ◊ SLIDE

◊ BLOCKS   ◊ RAG DOLL   ◊ SOLDIERS

◊ BRICKS   ◊ RATTLE   ◊ STILTS

◊ BUBBLES   ◊ SCOOTER   ◊ SWING

◊ FURBY   ◊ SKIPPING ROPE   ◊ TRAIN SET

◊ PINATA   ◊ SLEDGE   ◊ YACHT

SWEET Words

```
I  U  C  P  U  N  A  K  E  A  R  R  V
M  U  G  P  E  L  O  S  K  U  S  E  M
R  A  E  E  M  P  M  T  S  F  E  T  U
E  A  R  O  H  D  P  O  H  U  S  A  Y
D  I  N  J  R  D  J  E  E  I  G  W  J
I  D  P  E  O  N  O  I  R  H  N  A  Y
C  A  A  O  V  R  E  U  R  F  E  G  R
D  M  E  A  T  S  A  G  Y  R  H  N  S
S  R  N  K  O  A  C  M  N  Y  M  W  I
I  Y  E  E  I  S  T  E  H  E  A  R  T
O  S  Y  O  E  B  I  O  N  L  V  T  E
E  E  B  P  P  T  C  R  I  T  O  E  J
Y  R  R  E  H  C  X  B  H  O  E  U  R
H  C  A  R  E  L  Y  I  T  F  E  D  U
R  Y  L  E  C  I  C  H  S  O  R  L  U
```

◊ ALMOND

◊ AS SUGAR

◊ CHERRY

◊ CICELY

◊ CIDER

◊ DREAMS

◊ HEART

◊ MARJORAM

◊ MEATS

◊ NOTHINGS

◊ PEPPER

◊ POTATO

◊ REVENGE

◊ SCENTED

◊ SHERRY

◊ SIXTEEN

◊ TOOTH

◊ WATER

Room Inside

```
T E L C I B U C S M W R I
F B O U D O I R U A A C I
O E B E U M X I M N S S E
L F B O E O R J O U H A S
E B Y N A O I Y O A R L M
C R Y P T R F E R S O E O
N E R I B T Y C D G O H O
A S D K R S B I E O M S R
E U C N E E E F B M E L Y
A G A S S U Y F P E L Q T
D I N I N G R O O M U S I
S X T U E Z R V F Z T F L
W P E F O C F V X U U U I
N Q E X H L K U D R O M T
Y R N R O O M Y Y A T K U
```

◊ AUDITORIUM   ◊ DINING ROOM   ◊ OFFICE

◊ BEDROOM   ◊ FOYER   ◊ PORCH

◊ BOUDOIR   ◊ GUESTROOM   ◊ SAUNA

◊ CANTEEN   ◊ LOBBY   ◊ STUDY

◊ CRYPT   ◊ LOFT   ◊ UTILITY ROOM

◊ CUBICLE   ◊ LOUNGE   ◊ WASHROOM

Brave

```
Y T T I R G I B S E R O M
E Y D H A V D T H H Y G J
Y D R A H D A R I N G G G
T B T I U L P I E O U N Z
H A R Z W N N L U H I I F
G Y I A Y D T N U H F E M
U D R H L T D L C C I N S
O T H J E A H N E S K P T
D L J M U E I D T S I Y O
K V I N R L C Y V R S L I
E H T O F B H M I U R H C
U E I N P G E T A M E B A
D C U D I P E R T N I E L
D K Z O L D K D E E L K S
N E Z A R B Y P A S E Y I
```

◊ BRAZEN

◊ CHEEKY

◊ DARING

◊ DAUNTLESS

◊ DOUGHTY

◊ FEISTY

◊ GRITTY

◊ HARDY

◊ HEROIC

◊ INTREPID

◊ MANLY

◊ METTLE

◊ PLUCKY

◊ SPIRITED

◊ STALWART

◊ STOICAL

◊ UNDAUNTED

◊ UNFLINCHING

Plurals not Ending in S

```
I  I  O  M  N  A  U  T  I  L  I  G  Y
A  L  T  A  E  F  R  M  E  T  Y  I  E
V  T  Y  U  H  M  E  E  V  G  N  U  L
E  I  A  T  S  B  O  J  N  I  J  I  Q
F  L  E  R  F  A  A  R  M  E  N  E  R
L  E  C  W  T  T  R  R  A  M  G  G  Y
T  D  U  H  A  S  E  A  U  N  B  G  U
K  R  R  I  T  V  L  I  F  D  R  F
F  O  R  M  U  L  A  E  O  E  I  A  G
D  E  I  T  L  A  D  F  M  G  E  F  I
P  N  C  R  E  A  V  R  N  S  O  F  A
V  H  U  T  Q  E  F  U  E  X  C  I  E
F  C  L  H  M  H  F  E  E  N  A  T  W
S  T  A  D  I  A  G  N  Y  P  V  I  G
P  I  G  N  U  N  P  I  I  D  A  R  C
```

◊ ALUMNI   ◊ FUNGI   ◊ OXEN

◊ CHILDREN   ◊ GEESE   ◊ RADII

◊ CURRICULA   ◊ GENERA   ◊ STADIA

◊ ERRATA   ◊ GRAFFITI   ◊ STRATA

◊ FEET   ◊ MEMORANDA   ◊ TEETH

◊ FORMULAE   ◊ NAUTILI   ◊ TERMINI

Rock and Pop Groups

```
D  M  C  Q  A  E  Z  A  H  M  N  N  E
E  T  I  D  I  E  P  I  L  O  T  Z  C
N  R  U  Z  I  Y  T  O  Q  O  F  E  I
M  C  T  K  C  E  T  X  R  M  D  T  D
A  Y  O  B  Y  T  I  C  F  U  U  E  O
D  M  A  G  A  Z  I  N  E  O  E  S  N
S  G  R  W  M  Y  T  W  L  R  D  C  V
Q  A  A  C  E  D  S  C  C  A  J  C  T
S  N  T  E  H  H  T  O  E  E  M  N  J
L  L  O  R  B  K  L  H  M  A  E  O  Z
G  S  J  T  L  I  N  B  E  G  B  X  N
N  P  Q  M  S  O  H  R  R  C  O  A  Q
Z  I  Q  E  M  O  C  A  C  T  U  S  H
H  W  U  E  E  E  B  S  G  Q  M  R  B
G  M  L  F  D  M  E  S  F  K  T  X  E
```

◊ ARGENT

◊ BOSTON

◊ CACTUS

◊ CITY BOY

◊ CLOUT

◊ COLISEUM

◊ CREAM

◊ CREED

◊ DAMNED

◊ EUROPE

◊ LEMONHEADS

◊ MAGAZINE

◊ NO DICE

◊ OTTAWAN

◊ PILOT

◊ SAXON

◊ SMOKIE

◊ THE CURE

K Words

```
K A R I K R D K E R A H K
L E N R E K I E D F O A E
E O N K I N J M T N R F U
P K O P E K N H H L E R K
T K E K O A R A K S I G A
O R C D E K A D Y V A K K
M U R E H S I F G N I K U
A G U K R K K M Q D E P R
N E V E S I K C O G G K D
I R O K I T C H E N O I I
A R R A G K L D I M O K S
M A G H E L F S O N N O T
E N U T I I S D E I Z A A
K D C R C I O B F A B L N
E H K I K K H E M K G A D
```

◊ KARAOKE   ◊ KIMONO   ◊ KOALA

◊ KASHMIR   ◊ KINGFISHER   ◊ KOMODO

◊ KENYAN   ◊ KISSING   ◊ KOPEK

◊ KERNEL   ◊ KITCHEN   ◊ KRILL

◊ KETCH   ◊ KLEPTOMANIA   ◊ KRUGERRAND

◊ KILTED   ◊ KNIFE   ◊ KURDISTAN

Symphony Titles

```
O E W L R F A T C L B Y K
C C I V A L S I A S T C Q
H G E U E S D R A E O R C
N D S A E T O Q I L L F C
H T R Y N T T X C Q J A M
N S Y I S L N A I L A T I
A A E A F A H A N S I H K
G J P E F N C L D Y P E C
R N M O L I Z A R L E H I
O D E Z T T D A T T I E N
F G D L D S T H R I T N O
A T E A B I A A Q K I A V
O C R S L Z G W B N T S A
S E G I C I C H O R A L L
D E M A C I T R A T N A S
```

◊ AGE OF ANXIETY ◊ CLOCK ◊ ORGAN

◊ ANTARTICA ◊ DANTE ◊ PASTORAL

◊ ASRAEL ◊ FAUST ◊ SLAVONIC

◊ BATTLE ◊ ITALIAN ◊ THE HEN

◊ CELTIC ◊ MILITARY ◊ TITAN

◊ CHORAL ◊ OCEAN ◊ TRAGIC

Bible Characters

```
D Q M D T L B W O W A G Z
H A R A S N A S S M A U Q
I H J E R A B U R I A H H
N Q R O N T E I D L M K B
M C Z D N A H R L C W K C
Z L R U H A S A D F Q J W
P E V C Y N H D E A M R Y
W E C A R G T E B C V Y V
V A T H B T A M O J Z I S
Z L L E A H B L R C G U D
M U L E R R E V A S R F N
H U I F A I I G H Y Q H Q
R L D L N R Y A C O O A T
D O H A I A S I H J E B U
J U D C A A S I Z S K W Z
```

◊ ANDREW   ◊ DEBORAH   ◊ MARTHA

◊ BATHSHEBA   ◊ ISAAC   ◊ PETER

◊ CYRUS   ◊ ISAIAH   ◊ SARAH

◊ DANIEL   ◊ ISRAEL   ◊ URIAH

◊ DARIUS   ◊ JOHN   ◊ ZACCHAEUS

◊ DAVID   ◊ JONAH   ◊ ZECHARIAH

Racecourses for Horses

```
P A R T O R A P A N D U A
E K C I R E T T A C P W K
W F E W R V O N Z M I K C
Y N M E V A O H A N J S B
E C W Z N T M H X Y N T A
L N V O X E C L L E M R T
L E W O T G L W E Y N A I
A W F R N S E A S D W M N
V B H O Y X D O N I A O A
Y U L A F A R R K D L R A
P R U O N E W M A R K E T
P Y R X Y S Z L V P A O N
A D N K G N H A A R O S A
H A E L A I H I T G F E S
I R G I S B O R N E U Q L
```

◊ CATTERICK   ◊ HAPPY VALLEY   ◊ NEWBURY

◊ DEL MAR   ◊ HIALEAH   ◊ NEWMARKET

◊ FOXTON   ◊ KEENELAND   ◊ OAKLAWN

◊ GALWAY   ◊ LEOPARDSTOWN   ◊ SANTA ANITA

◊ GISBORNE   ◊ LONGCHAMP   ◊ TRAMORE

◊ HANSHIN   ◊ MYSORE   ◊ WEXFORD

Robin Hood

```
S L K O C T T Y C N E U H
N I X N H O J G N I K P U
A R R O W S W O R D S M N
I G O G L T X D K T N E T
R R B H U P E C P Y C R I
A E T F N Y U G T S E R N
M D H N Z T F I R S V Y G
D O E O R N R W G A W M E
I O R A D A B Y A O T E C
A W I R H Q G K B L Q N N
M R C C D L Z G A E T S A
F E H H X Q N C L G Q U M
Y H F E P O S S L E U S O
K S O R L Q V K A N L Q R
I Z F Y C B S L D D N D W
```

◊ ARCHERY   ◊ KING JOHN   ◊ ROB THE RICH

◊ ARROWS   ◊ LEGEND   ◊ ROMANCE

◊ BALLAD   ◊ LONGBOW   ◊ SHERWOOD

◊ CHARITY   ◊ MAID MARIAN   ◊ SIR GUY

◊ FRIAR TUCK   ◊ MERRY MEN   ◊ SWORDS

◊ HUNTING   ◊ OUTLAW   ◊ TARGET

Rainy Day

```
N L O W P R E S S U R E Y
O M R A T S A S L A P S R
I W T D I C P I P S Z G E
T A A E A C W U N L N X T
A N O L F L L I D I A G A
T D C U E A K O T D N S E
I C R G F S L L U I L G H
P H E E L R E L M D R E C
I E V I T P P E I U S R D
C A O G N J E U O N G O N
E T N G E T A P D A G M I
R E U O R D N C A Q R F W
P R H D R W N U K O U H M
A P L V O A B Y T E O Z F
R S V D T I K S W E T L B
```

◊ ANORAK

◊ LOW PRESSURE

◊ RAINING

◊ CLOUDS

◊ OILSKINS

◊ SPLASH

◊ DELUGE

◊ OVERCOAT

◊ STORM

◊ DOWNPOUR

◊ PELTING

◊ TEEMING

◊ FALLING

◊ PRECIPITATION

◊ TORRENT

◊ JACKET

◊ PUDDLE

◊ WINDCHEATER

```
S H B Y G H D Q Z D N T R
F N R N N S S N U Y F V A
S P I N E S H T H O R A X
Q T S F M E C E R O U D D
S U T O A K X X L I V K U
S X L D L R Q V S L P Z Y
Y E E X Q S K C O L T E F
X V S Q S P Q V T S A R S
D N J W C R I K M H N S S
C S K S U T E M E P T U N
L L G W G O K L T M E C O
S C A L E S P O T S N K L
B G A W E Y A M R N N E A
U J S M S M P I U Z A R T
N Z V U O V C F W H E S L
```

◊ ANTENNAE   ◊ HEAD   ◊ STING

◊ ANTLERS   ◊ HUMP   ◊ STRIPES

◊ BRISTLES   ◊ SCALES   ◊ SUCKERS

◊ CLAWS   ◊ SHELL   ◊ TALONS

◊ FETLOCKS   ◊ SPINES   ◊ THORAX

◊ FINS   ◊ SPOTS   ◊ TUSKS

Sports and Games

```
H C F O D U V S L K R F T
Z A G N I V I D S G V N U
D R M K E N I K C R O F G
I D N M N P A T U I O L O
S S K E E T E U Q O R C F
C H T L I R H U T R N W W
U H O N M F O B U H R K A
S T G O F I A N S Y B I R
A V G Z T L N R F W A D Q
K D V S L I Y U F C D V S
V R T C N D N I C U I L K
T P Y G V D F G N C S Q S
W S O Y L T G F M G H R Y
L G S O E G N I X O B V M
K I S Q L O T T O A P P L
```

◊ BOXING   ◊ FOOTBALL   ◊ QUOITS

◊ CARDS   ◊ GOLF   ◊ RUNNING

◊ CROQUET   ◊ HAMMER   ◊ SHOOTING

◊ DISCUS   ◊ LOTTO   ◊ SKATING

◊ DIVING   ◊ PELOTA   ◊ TENNIS

◊ FLYING   ◊ POOL   ◊ TUG OF WAR

```
A E O B U E A C E P A L O
E P P F J M T K A R A D A
H O B O A V F H X E A Q I
M S A L L A A D A K F E L
A E T E Y A L A L S T K I
Y M D G G N I L A L S L H
A I S A R I H T V S O O T
N T C N G M N E B O U R S
R I R D U A E A R B G A I
Y A O R S L M S Y S R I A
S T R O F A D E S E I X M
Z U R S K S Y V O L A O B
G A E R O M D E M M F S I
P I I A I N O L A H P E C
P A B E R L N F S E A S A
```

◊ AEGINA
◊ CEPHALONIA
◊ EUBOEA
◊ FLEVES
◊ FOLEGANDROS
◊ LEFKADA

◊ LESBOS
◊ MAKRI
◊ PAROS
◊ SALAMINA
◊ SAMOS
◊ STROFADES

◊ SYRNA
◊ THASSOS
◊ THILIA
◊ THIRASIA
◊ TSOUGRIA
◊ VALAXA

D Words

```
Y R A T N E M U C O D J N
S S E N K R A D L D P O N
T D A O Y Z S R E D R O I
G U E C G S K D E D G M A
T N D L E N N E A S H M
D U I R C E I H R D D G O
E O U K F K A D P E Y N D
R D U E N C D O N R N I U
E E D B E I N F D A A L A
N Y D D L D R I P V M L D
N A O A L E R D A V I E Z
I D T D N E D S E D C W D
D S A D O D G I N G S D M
N D E A G K Y D O W W I A
G N I T R E C N O C S I D
```

◊ DANDY

◊ DISCONCERTING

◊ DOUBLED

◊ DARKNESS

◊ DISDAIN

◊ DRAGON

◊ DEFENDED

◊ DOCUMENTARY

◊ DRINKING

◊ DEMANDING

◊ DODECAHEDRON

◊ DURESS

◊ DICKENS

◊ DODGING

◊ DWELLING

◊ DINNER

◊ DOMAIN

◊ DYNAMIC

Cocktails

```
M O O N U R P H J G S E D
A L Z O A T I N V I F G E
N O Z L L T E C M M G G N
O I C A D G T A K L Y N O
W B A Q H B R A M E E O I
A A Z T B T D Y H T Y G H
R D K S I I P I F N A S S
A P H N T A N O Z J A F A
I Z I A S I M R H Z O M F
M Z B C L I I G E S A K D
O P O L B D D R F N I M L
J Q E M Y R A E A I J B O
I B E L B C O P C A R G O
T O U R U I E N H A I P G
O T L U C J E D X J R V S
```

◊ BATIDA

◊ BELLINI

◊ BISHOP

◊ BRONX

◊ EGGNOG

◊ GIMLET

◊ JULEP

◊ MAI TAI

◊ MANHATTAN

◊ MAN-O'-WAR

◊ MARTINI

◊ MOJITO

◊ OLD-FASHIONED

◊ PANAMA

◊ RICKEY

◊ SAZERAC

◊ SIDECAR

◊ ZOMBIE

44 Booker Prizewinners

```
S B E V E P I Y Z H I B T
E Q K O W S B I U L I K C
M R U U N W Y L E V I L C
A U L K E L M A N T E L O
J S D N Q E T L L L N J E
Y H O L L I N G H U R S T
E D N M K C B E D Q I B Z
R I E A R Y A E W V G G E
A E Q T M G E F V I H L E
C R A F Y S Q R K M T G J
A R Q I H H S U O U N N H
T E I W Y K H O T T O C S
T I S S N E B U R J S V R
O P W V P R R F D G S P Q
N K J O I O M F F D I R G
```

◊ CAREY   ◊ HULME   ◊ PIERRE

◊ CATTON   ◊ JAMES   ◊ RUBENS

◊ COETZEE   ◊ KELMAN   ◊ RUSHDIE

◊ ENRIGHT   ◊ LIVELY   ◊ SCOTT

◊ GROSSMAN   ◊ MANTEL   ◊ STOREY

◊ HOLLINGHURST   ◊ NEWBY   ◊ SWIFT

Desserts

```
E S E I K O O C J T P E Y
H R E L B B O C R E U L R
C E G P M E D J V B Y F T
E U G E A G T Z K R K F S
P L S N N E E O E O M U A
E C B T A A F F P S A O P
U A J M A M P A S M S S M
G R H P U R C I I U O R A
N A P H H R D N G T W C E
I M N A L F C T A N P C R
R E T E B E R R A L A Y C
E L E O P I O S F R B R F
M S M I F L U K E I T R F
A B E L I E E I H P I X U
E E E F N M T I A F R A P
```

◊ BLANCMANGE   ◊ CREAM PASTRY   ◊ MERINGUE

◊ BOMBE   ◊ CRUMBLE   ◊ MINCE PIE

◊ CARAMEL   ◊ CUSTARD TART   ◊ PARFAIT

◊ COBBLER   ◊ FLAN   ◊ SORBET

◊ COMPOTE   ◊ FRANGIPANE   ◊ SOUFFLE

◊ COOKIES   ◊ KULFI   ◊ TRIFLE

Poems

```
I  A  A  Y  N  N  E  P  N  W  O  R  B
E  G  D  G  D  C  I  O  Z  A  D  N  W
K  C  T  V  N  M  C  J  P  Z  L  E  Z
D  V  L  A  H  M  T  P  M  E  O  V  S
R  E  M  E  M  B  E  R  E  H  C  A  R
O  O  R  N  L  Z  O  L  D  R  D  R  E
R  E  I  F  A  L  L  R  W  N  N  E  G
Q  G  T  M  N  E  E  K  O  O  A  H  Y
J  N  W  I  B  A  T  V  N  I  T  T  T
A  I  A  A  M  R  M  H  D  R  O  P  E
N  G  N  S  T  O  T  O  E  E  H  W  H
U  N  D  W  S  I  E  L  R  P  N  R  T
A  O  A  T  O  A  L  A  D  Y  I  Q  B
R  L  O  T  S  O  H  G  E  H  T  G  B
Y  O  S  A  J  C  E  N  Y  V  Q  J  G
```

◊ ANNABEL LEE   ◊ JANUARY   ◊ THE GHOST

◊ BROWN PENNY   ◊ LONGING   ◊ THE PIG

◊ DREAMS   ◊ MANFRED   ◊ THE RAVEN

◊ HASSAN   ◊ MAZEPPA   ◊ THE TYGER

◊ HOT AND COLD   ◊ REMEMBER   ◊ TO A LADY

◊ HYPERION   ◊ ROMANCE   ◊ WONDER

Decorating

```
J R H S L O O T S P E T S
P R G N N V N L Q U D S T
N A N Y G Q A Q E K W N T
R V S M L D V R D O I Z N
M E I T U T D P N A U O E
D M S N E P T R P I V A M
B U N L Y A O E S E S Y E
U L A O O L F P R S C H R
C S L C L J B A S B L T U
K I P E V P L R L P K C S
E O R C A L K A I I R I A
T N Y S S G S T A B K B E
T U R P E N T I N E W G M
G N I Z I S I O S H O Z Z
C D Y R D Q W N A Y F E Q
```

◊ BUCKET

◊ EMULSION

◊ GLUE

◊ MEASUREMENT

◊ NAILS

◊ OVERALLS

◊ PAINT

◊ PASTE

◊ PLANS

◊ PREPARATION

◊ RAGS

◊ ROLLER

◊ SIZING

◊ STEP STOOL

◊ TOPCOAT

◊ TURPENTINE

◊ VARNISH

◊ VINYL

Mindfulness

```
M E D I A Y Z M E C A E P
R E C O G N I T I O N G L
S O N R T E I U Q T E S G
T C E P S E R D R A G E R
S N H T M R A W D O V C A
E U N O I S I V N I A M T
I Y C I F Y M F G R O V I
B S Q O Q F Z I I D P C T
W A K E F U L N E S S U U
W X Z Y C A G E E E D G D
S I W X N N R T R C R B E
I Q S C B F E L C A A G Q
G F E D G I C S M E D P K
H N S T O P M X S S G E S
T H G I L M O B B E S F O
```

◊ CARING   ◊ LIGHT   ◊ SPACE

◊ ENERGY   ◊ PEACE   ◊ VIGILANCE

◊ ESSENCE   ◊ QUIET   ◊ VISION

◊ FOCUS   ◊ RECOGNITION   ◊ WAKEFULNESS

◊ FREEDOM   ◊ REGARD   ◊ WARMTH

◊ GRATITUDE   ◊ RESPECT   ◊ WISDOM

Firmly Set

```
U L E L N D E X I F G L K
R T C D E F L R G E N K W
S S B S A L G F S E I V E
U A G D E L T T E S H U I
B F T H Q I Q U C F C N C
S D D O G G E D U J N S E
T A C H N G E R R P I H C
A E T J A M E G E G L A B
N T N Z M R S I E L F K R
T S S A E D D S D U N E D
I I J S C I R E U E U A E
V H N E X I G I N D R B S
E E E G M R O G G E K L U
D E D L E W M U D I D E F
V T G M J R U E S D D C E
```

◊ DENSE ◊ JAMMED ◊ SUBSTANTIVE

◊ DOGGED ◊ MERGED ◊ TENACIOUS

◊ FIXED ◊ RIGID ◊ TIGHT

◊ FUSED ◊ SECURE ◊ UNFLINCHING

◊ GLUED ◊ SETTLED ◊ UNSHAKEABLE

◊ HARDENED ◊ STEADFAST ◊ WELDED

Spain

```
M S T E N A T S A C U G F
E T U U A N C W V E K V E
A O L L I N A R P M E T T
H J V U E R O E O F B G V
P N O B K I I R C L R Y K
O A Q I I W V A I A F D H
N D E K R L T S N G Z K C
O O A L F A B A F E A E O
G J W R L L D A R V Z W I
A O C O P A A E O A I I A
R V N L W Q J M S R B G Y
A I F O S A N I E R I N O
A E L G R E C O P N T Y R
H D F U D Q G U R Q C J P
S O Z L D M M S U W M O B
```

◊ ARAGON ◊ GIRONA ◊ PAELLA

◊ BILBAO ◊ GRANADA ◊ PRADO

◊ CASTANETS ◊ IBIZA ◊ REINA SOFIA

◊ CATALONIA ◊ JEREZ ◊ RIOJA

◊ EL GRECO ◊ LORCA ◊ TEMPRANILLO

◊ FLAMENCO ◊ OVIEDO ◊ VIGO

OVER Words

```
I  V  S  S  R  I  I  N  D  R  K  R  H
C  M  E  Z  T  V  E  W  E  S  T  F  T
V  A  N  R  O  D  P  V  T  V  N  H  W
S  H  O  S  D  A  W  A  N  B  M  Z  O
E  J  T  I  S  C  L  F  I  V  N  Z  R
N  R  R  S  C  K  H  E  A  T  E  D  G
L  O  U  Y  A  Y  I  E  P  W  H  T  O
I  Y  L  T  T  N  A  K  Z  C  U  V
M  O  I  S  T  S  F  A  I  W  T  O  U
L  V  N  N  H  O  L  O  A  D  E  D  S
E  Z  G  A  G  H  A  L  S  G  R  N  T
E  B  S  Q  W  R  T  Z  C  B  T  A  F
O  T  F  S  I  E  E  I  T  M  S  Q  A
Y  I  G  G  N  I  D  E  E  F  S  J  S
U  C  N  O  I  T  A  L  U  M  I  T  S
```

◊ AND OUT   ◊ INFLATED   ◊ RULING

◊ AWED   ◊ LOADED   ◊ SEAS

◊ FEEDING   ◊ LYING   ◊ STIMULATION

◊ GROWTH   ◊ PAINTED   ◊ STRETCH

◊ HASTY   ◊ PASS   ◊ TALKATIVE

◊ HEATED   ◊ RIDDEN   ◊ TONES

Fasteners

```
H Y N S P C D Z N Z N I U
D B A N V I P L V W U N W
I U R D O W A D E B T Q E
M L C E H T R O W W A T R
J U N T W E T Z N Y N S C
R I V E T E S U E J D H S
E C I V D A K I B Y B A F
E T S A P B P S V G O C K
I M E Y C R R E H E L K F
C A R P E T T A C K T L E
O T N Y P M I W C B W E G
C N I C L K Q H Q E K S P
U K O O H N I A T R U C K
Y M C Y N O R U U A G I D
K Q I Z E W R R E P P I Z
```

◊ ADHESIVE   ◊ DUCT TAPE   ◊ SKEWER

◊ ANCHOR   ◊ NUT AND BOLT   ◊ STRAP

◊ BRACE   ◊ PASTE   ◊ VICE

◊ BUTTON   ◊ RIVET   ◊ WELD

◊ CARPET TACK   ◊ SCREW   ◊ YOKE

◊ CURTAIN HOOK   ◊ SHACKLES   ◊ ZIPPER

Words Reading Either Way

```
G E N S P R C P K I M E O
S V S A E G U N S F S V M
D P C C L W E N O P Q A I
S E A N I M A L O R R T N
R P L O A C Q R E L E K E
S E Q I K M T C E H P N D
T S I T V S E B L M A T V
V C P N H E A T W S I E S
K E E F E Q R H A W D T E
A F U E S D E E Q G R N U
P L G T K L O O T E R S E
J L R J A M I D S N U N Z
H A U I R N A S K S L A P
P R C G E W E H L R Y P Q
V U U L N D T R A M S S A
```

◊ DELIVER   ◊ NAMETAG   ◊ REPAID

◊ DENIER   ◊ PACER   ◊ SMART

◊ DENIM   ◊ PALS   ◊ SNUG

◊ DESSERTS   ◊ PLUG   ◊ SPANS

◊ LAMINA   ◊ RECAPS   ◊ SPORTS

◊ LOOTER   ◊ REMIT   ◊ STRAP

Break

```
J L P D O Y F Y N S W A G
Y R O M U F S Y C F S D S
U T F C O N T R A V E N E
T S W P S T U J L O F T A
H S A M S S E S H B I G D
B N S O H R T C P M O R E
S R S U U Z A Z R L O Z S
K T E T S T R E Q R I B T
P T P A E P T P O M V T R
P U K D C N E C A O M E O
R I E Y I H N N U U T V Y
J S E V E R E T D T S F R
Z T M R I R P F A U O E E
V A R B C G G H M J Q U U
I Q Q K Y E S K C U U L T
```

◊ BREACH   ◊ GIVE UP   ◊ SEVER

◊ CONTRAVENE   ◊ INTERMIT   ◊ SHATTER

◊ CRUSH   ◊ PAUSE   ◊ SMASH

◊ CUT OUT   ◊ PENETRATE   ◊ SNAP OFF

◊ DESTROY   ◊ PIERCE   ◊ SPLIT

◊ DETACH   ◊ RUPTURE   ◊ SUSPEND

Intelligence

```
G L D E S R E V L L E W P
N U H E L B I S N E S J W
I D E D A E H R A E L C G
N N I Z P H F P E G E J N
R E O R J R H A T E G S I
E M C I E I A E U N D F D
C U S K T V B H T I E T N
S C B S G A E Q S U L H A
I A X R E I N L A S W O T
D B R A I N Y I C W O U S
B H A Q K G E R G W N G R
C W L S F N H T X A K H E
K J B D E R O T U T M T D
Z D C H I T J F Z C H I N
J D E T A C U D E Y A U U
```

◊ ACUMEN   ◊ CLEVER   ◊ SENSIBLE

◊ ACUTENESS   ◊ DISCERNING   ◊ SHARP

◊ ASTUTE   ◊ EDUCATED   ◊ THOUGHT

◊ BRAINY   ◊ GENIUS   ◊ TUTORED

◊ BRIGHT   ◊ IMAGINATION   ◊ UNDERSTANDING

◊ CLEAR-HEADED   ◊ KNOWLEDGE   ◊ WELL-VERSED

Beginnings

```
M G E K M F E V U E R S P
L D D I O U S H E R I N U
S H C N U A L Z M H E Y G
E T R R E E R U P T N S N
E T A C I P S U A R O P I
T D J R D J K V U R I Z R
A Y E C T D I B I R T H P
E E D T D T B G G F O F S
R G G G C N I C X F M E T
C R D A W N U R F O N Y F
K E E I A O Y O H P I A E
A M N T T Z K P F M T E N
R E E G N C W U E U E G A
T D E T I E O P N J S G H
G N I K C A R C T E G S S
```

◊ ACTIVATE   ◊ ENTER   ◊ LAUNCH

◊ AUSPICATE   ◊ ERUPT   ◊ ORIGINATE

◊ BIRTH   ◊ FOUND   ◊ SET IN MOTION

◊ CREATE   ◊ GET CRACKING   ◊ SPRING UP

◊ CROP UP   ◊ JUMP OFF   ◊ START

◊ EMERGE   ◊ KICK OFF   ◊ USHER IN

Furnishings

```
L  B  E  D  S  S  M  U  T  J  U  S  D
K  C  Y  B  T  C  A  S  N  J  W  R  E
Z  D  O  O  Y  E  E  L  K  P  A  I  B
S  F  O  U  R  H  C  A  S  R  S  Q  K
C  L  R  U  C  O  G  P  P  E  H  U  N
R  L  B  E  M  H  W  X  C  T  I  U  U
E  A  O  M  E  S  Y  R  E  S  N  W  B
E  R  O  C  R  Z  E  L  I  O  G  H  A
N  D  S  S  K  T  E  N  T  P  M  A  S
E  E  A  A  A  V  K  R  E  R  A  T  G
S  R  X  I  I  U  T  F  I  U  C  N  E
G  H  R  S  P  I  A  N  O  O  H  O  T
W  E  I  E  E  T  T  E  S  F  I  T  D
Y  O  C  G  Y  U  S  T  E  A  N  E  A
N  S  E  R  U  T  C  I  P  R  E  S  B
```

◊ BUNK BED

◊ BUREAU

◊ CHEST

◊ CLOCK

◊ COMMODE

◊ COUCH

◊ FOUR-POSTER

◊ FREEZER

◊ LARDER

◊ PIANO

◊ PICTURES

◊ SCREEN

◊ SECRETAIRE

◊ SETTEE

◊ STOOL

◊ TELEVISION

◊ WASHING
  MACHINE

◊ WHATNOT

Alternative Medicine

```
S  E  T  A  L  I  P  A  I  B  U  L  I
N  U  D  C  G  D  L  E  A  F  F  A  O
Y  H  O  M  E  O  P  A  T  H  Y  M  R
Z  H  H  T  N  O  Y  S  I  B  K  I  J
A  A  T  O  N  A  T  I  E  S  B  R  K
Q  H  N  A  G  N  I  T  S  A  F  P  B
T  S  P  G  P  L  M  U  S  I  C  I  W
W  A  W  A  F  O  G  A  V  H  O  M  A
H  U  I  E  M  U  E  S  E  D  Z  N  T
R  G  E  C  O  P  E  T  A  N  I  R  E
E  C  U  O  H  J  D  N  S  U  R  S  R
I  D  Z  N  Y  I  Z  N  T  O  W  P  C
K  R  V  O  A  A  W  V  B  S  M  K  U
I  N  E  E  N  N  O  C  E  G  P  B  R
C  A  R  X  Y  E  I  E  U  R  I  P  E
```

◊ BIODANZA   ◊ PILATES   ◊ TUI NA

◊ FASTING   ◊ PRIMAL   ◊ UNANI

◊ GUA SHA   ◊ REIKI   ◊ WATER CURE

◊ HOMEOPATHY   ◊ SEITAI   ◊ YOGA

◊ MUSIC   ◊ SOUND   ◊ ZANG-FU

◊ OSTEOPATHY   ◊ TAI CHI   ◊ ZONE

```
V R Q S B I L L N G E S B
H W U O Y U S N P Z L Y Y
V A Z N A N P O B H G B U
J U L H N A Q O W V N W L
G L T T I E I S E E I A O
T U H N E G R E R D R O C
O R T A Y R E O D I C H J
W E L H D C M Y A T Y A Y
R S P M A A C T A C K L E
O Z T R K W H W I G H Y U
P A B C C C S L L D J A M
E G A I A Q A E H J F R M
Q H I B D S Y H R T M D G
N T L C S Y V E S T B A Z
V E T O C L E W L I N E D
```

◊ BRACE   ◊ HALTER   ◊ OUTHAUL

◊ CABLE   ◊ HALYARD   ◊ PAINTER

◊ CLEW-LINE   ◊ HAWSER   ◊ RUNNER

◊ CORD   ◊ LARIAT   ◊ TACKLE

◊ CRINGLE   ◊ LASSO   ◊ TOW ROPE

◊ HACKAMORE   ◊ NOOSE   ◊ WIDDY

Bible Books

```
L  I  B  C  E  T  T  E  S  A  G  C  M
T  J  C  V  S  H  N  Z  L  E  H  U  Z
K  B  N  D  T  O  A  J  G  A  M  T  X
V  I  W  I  H  S  H  X  C  C  K  A  I
H  S  N  Z  E  E  U  I  O  P  R  S  J
A  R  A  G  R  A  M  L  O  H  A  D  S
N  A  D  M  S  B  O  Q  E  I  M  L  N
O  U  F  B  U  S  E  C  A  L  R  Z  A
J  R  U  T  S  E  I  H  C  E  M  Y  M
L  U  D  I  I  M  L  S  N  M  N  K  O
N  L  A  S  R  M  J  K  E  O  B  C  R
J  N  Q  U  H  C  O  Y  P  N  I  Q  M
S  L  E  I  N  A  D  T  X  R  E  C  R
S  E  L  C  I  N  O  R  H  C  O  G  Z
F  W  N  U  A  A  E  Z  H  Y  X  A  G
```

◊ CHRONICLES   ◊ ISAIAH   ◊ MICAH

◊ COLOSSIANS   ◊ JAMES   ◊ NAHUM

◊ DANIEL   ◊ JONAH   ◊ PHILEMON

◊ ESTHER   ◊ JUDGES   ◊ ROMANS

◊ GENESIS   ◊ KINGS   ◊ SAMUEL

◊ HOSEA   ◊ MARK   ◊ TIMOTHY

TEN at the End

```
N N E T T I R W E P Y T N
E F O R G O T T E N T E N
T N U U T G L I S T E N S
F E E T F N T E N H N W C
O T E T O T E E A T E N N
Z N E T R T E M J E T F E
N I R B E A A N T C R L T
E N N S N E E B T A A H
T E E H P N H E W G T G
H F T T O E E N S H R T I
G A S T R R T F G I E E A
I S U I T A A S G T D N R
L T A K E O M T J E N W T
P E V X N N U C E N I Y S
B N E T B C L T E N K C J
```

◊ AUSTEN   ◊ FORGOTTEN   ◊ OFTEN

◊ DISHEARTEN   ◊ GLISTEN   ◊ ROTTEN

◊ EATEN   ◊ KINDERGARTEN   ◊ STRAIGHTEN

◊ FASTEN   ◊ KITTEN   ◊ SWEETEN

◊ FLATTEN   ◊ LIGHTEN   ◊ TYPEWRITTEN

◊ FORESHORTEN   ◊ MARTEN   ◊ WHITEN

62 Varieties of Tomato

```
D L Y N U S E L T T I L H
W O E U V Y M M A H L D Q
Y J D G Z T J M N E V M L
Y O U D E L I C A C Y R Y
G O L D E N S U N R I S E
A R U K A S D J I G N U L
A N G C G V Z A R T C M L
K R L Y H N D O A V A M O
N T A Y C E O F M F S E W
M P U S J D R F A R Z R P
R W H E T K L R R L I S Y
R B N U Q A F L O H Q W G
W N O B M I N R E L H E M
Y O R E P A B Q Q V A E Y
Q F K D O L I V A D E T Z
```

◊ APERO

◊ ARASTA

◊ CHERROLA

◊ DELICACY

◊ FLAME

◊ GOLDEN
  SUNRISE

◊ INCAS

◊ JENNY

◊ LEGEND

◊ LITTLE SUN

◊ MYRIADE

◊ OLIVADE

◊ ORAMA

◊ OUTDOOR GIRL

◊ SAKURA

◊ SUMMER SWEET

◊ TAMINA

◊ YELLOW PYGMY

Roulette

```
T T S G C B Y A L R A P S
S C I N H O C E R A S E S
T K T E I M L H O T U P M
O Q S E R S P U E E I T M
L U C E B S I B M H G E E
S A O N A D T O C N D B C
J R R V S E D U V E B T O
E T L S K C R O U P I E R
L E E S L E E H E M K E T
M R A M C I O B W K G R W
P B D E R U K T C H G T R
A E M S S E K A T S E S E
O T O E L R L P E R L E E
B L O C K B E T T I N G L
D O W N A H Y K C U L O S
```

◊ BASKET BET ◊ HOUSE ◊ SLOTS

◊ BLACK ◊ LUCKY ◊ STAKES

◊ BLOCK BETTING ◊ ODD BET ◊ STREET BET

◊ CHIPS ◊ PARLAY ◊ TIERS

◊ COLUMN BET ◊ PRESS ◊ VOISINS

◊ CROUPIER ◊ QUARTER BET ◊ WHEEL

Cycling

```
B B S V Y B D S H A E R P
F A R E U H G K S B O E P
W S J E K Z Z G U R C F K
R K L B T A B T I V A L G
E E D A E E R M E B C E N
N T X X D E M B L G P C G
C M C Q N E F O D L H T S
H T V N Q S P U D X Z O E
P E I C T A B S A E X R K
X M U L N W L O S H E F O
I L U I N Y H E L F E P P
P E A P C B O E V T N C S
V H U S Y V D O E E S P B
C N O L S T H G I L R P T
E Y Q V H G G M U X P S H
```

◊ BASKET   ◊ HELMET   ◊ REFLECTOR

◊ BOLTS   ◊ INNER TUBE   ◊ SADDLE

◊ BRAKES   ◊ LEVERS   ◊ SPEEDOMETER

◊ CHAIN   ◊ LIGHTS   ◊ SPOKES

◊ CLIPS   ◊ PEDALS   ◊ WHEEL

◊ GEARS   ◊ PUMP   ◊ WRENCH

Associate

```
E T A C I D N Y S J R U N
M A V H E L P E R E F U E
R S Y K I J F M K J C V T
H J F R A T E R N I T Y A
S C F E L L O W I L C V M
E O O W T W L Q V E O G A
A U Q M O A M K L E N S G
E T G C P H L P Q L S D L
I W T A N A U E G G O E A
F N X A E O N U R N R X M
E C V Z C L O Y M I T P A
S A C O H H E W Z M Q N T
S R E D L U O H S B U R E
L W H X C V P A R T N E R
T C E N T C E N N O C T Y
```

◊ AMALGAMATE   ◊ CO-WORKER   ◊ LEAGUE

◊ ATTACH   ◊ FELLOW   ◊ MINGLE

◊ COMPANY   ◊ FRATERNITY   ◊ PARTNER

◊ CONNECT   ◊ FRIEND   ◊ RELATE

◊ CONSORT   ◊ HELPER   ◊ RUB SHOULDERS

◊ COUPLE   ◊ INVOLVE   ◊ SYNDICATE

Rivers of Africa

```
L N A Y P O N O J S W E I
K A R M D K G W O A W A Y
Y U G N N A N X N J Z Q
R H A E O W D G H K J N K
T U N C N U U T E A Y A U
C U I I M E F N T R B U N
L P R I G P S B R A A C E
Y U R B V E A U L N O B N
S I L R E R R E G I Q Y E
U S Y O A V O G J U B B A
B W C H N D I D E S S A W
A A U E P G X L B R L X V
N K U E E M A O L R U S V
G O A G N I R A M E N O U
I P V D M J M A U V U N B
```

◊ ATBARAH   ◊ JUBBA   ◊ SANKARANI

◊ BOU REGREG   ◊ KAGERA   ◊ SENEGAL

◊ CONGO   ◊ KUNENE   ◊ SONDU MIRIU

◊ CUANDO   ◊ LULONGA   ◊ SWAKOP

◊ CUANZA   ◊ MARINGA   ◊ TURBEVILLE

◊ DIDESSA   ◊ NIGER   ◊ UBANGI

```
Y G A R A R T A S W I I X
Y F A N A C A G E G I L L
R E I H L N I H B L A T T
A R T N C X T N C Q F W Z
L G F R S T G H O S E E T
I U R S A N E E O M N N C
H S A M O H T W O N E A K
J S G R A R P L B M Y C M
G U X L E E O E E O I E W
A R M B K H R L S R F C B
N U L R T N C D T O N I Y
S A O R A S T A N D J L R
E M A R Z A P N S A G I W
L B D C J A R E T H K A L
M C D E R F I N I W A E M
```

◊ ALBERT   ◊ BERNARD   ◊ MATTHEW

◊ ANDREA   ◊ CECILIA   ◊ MAURUS

◊ ANSCHAR   ◊ CLEMENT   ◊ MONICA

◊ ANSELM   ◊ FERGUS   ◊ PATRICK

◊ ANTHONY   ◊ HILARY   ◊ THOMAS

◊ BARTHOLOMEW   ◊ JOSEPH   ◊ WINIFRED

Human Characters

```
R F M W O S T A M P E U W
E K A H E I A G Q N F G T
S A D I S T E F O R O Z S
I B M V F N V O I E S T I
M U A H I S F F D C S S N
D C N U Y F A A O I V A U
D E S M U A E U H P M R T
R Y A B E H N C E N U J R
A F V U G D O D O F Q R O
W V S G R S A C F P E G P
O G E E A N M I D D P A P
C T L M T N A S A E P S O
B I K T I N D E Z L U N M
E V A N K G L T K R K T K
R E K O O L T R E K O J L
```

◊ BUFFOON   ◊ JOKER   ◊ OPPORTUNIST

◊ CON MAN   ◊ KNAVE   ◊ PEASANT

◊ COWARD   ◊ LEADER   ◊ PEDANT

◊ EGGHEAD   ◊ MADMAN   ◊ RUFFIAN

◊ GENIUS   ◊ MASOCHIST   ◊ SADIST

◊ HUMBUG   ◊ MISER   ◊ SCOUNDREL

Late

```
F D D E T A U Q I T N A S
S A W L D S L T W I G B D
I A L I O A A T F H N P F
O H Z L T P C P U Z I L E
D E O T E N O G Y B O A L
E B E B U N T Y E B G S L
S R V F S M T L G D T T E
A P E R A O A T D T U M N
E D R W W T L N C D O I W
C E V E E D I E H Y V N R
E L U D V H U C T T E U E
D A J O E I E E J E R T M
M Y C B A U O R T L D E R
B E K D R R T U C G U P O
R D E L I H W T S R E H F
```

◊ ANTIQUATED ◊ DEFUNCT ◊ LATTER

◊ BEHIND ◊ DELAYED ◊ OBSOLETE

◊ BELATED ◊ ERSTWHILE ◊ OUTGOING

◊ BYGONE ◊ FALLEN ◊ OVERDUE

◊ BYPAST ◊ FORMER ◊ PREVIOUS

◊ DECEASED ◊ LAST-MINUTE ◊ RECENTLY

70 **Varieties of Pear**

```
B F T J H H E Y D O N F D
L E K C E S K D Z L F N E
E Z U R A Y E R S D N O D
O J B R B O Q Z S F R S I
I N E B R A N D Y I N M R
Y Z T Y E E R W B E Q I P
S G A C O S B T Y L I R N
U Q N H Q N E O L D A K O
D M G I C R W A S E J R T
D Q A A A O R A A C T A R
U V M L O U R D R Z B T E
T O C B L E G I M D J S M
H C J G R U B R E G O D M
N O J N U W L L Z N V R Z
C W D T A P E C T L T O U
```

◊ ANJOU   ◊ GERBURG   ◊ ONWARD

◊ AYERS   ◊ HEYDON   ◊ ORIENT

◊ BARTLETT   ◊ LULLAM   ◊ ROCHA

◊ BEURRE BOSC   ◊ MAGNATE   ◊ SECKEL

◊ BRANDY   ◊ MERTON PRIDE   ◊ STARKRIMSON

◊ CLARET   ◊ OLDFIELD   ◊ SUDDUTH

```
V L T G X L P G J Q H H S
V R S Z F W I Q B N Y O O
C E C S L I H N I O U V J
B I N K A Y S B E T K X D
S L G A R L A W H R Z Q P
T E E L E C C A N C K B B
A D M U S C M T A J O A Q
O N K B C P O P S P O D H
B A K J T S T O U R R T P
E H O O K A E P Y M I I D
F C N Q I F D R D M P F L
I A U N O O L A S L P S I
L V R W H I T E S T A R D
L A N G I S O S C A L L D
L O V B W X C P Y V P N Z
```

◊ APRIL

◊ CABIN

◊ CAPTAIN

◊ CHANDELIER

◊ FIRST CLASS

◊ FLARES

◊ LIFEBOATS

◊ LINER

◊ OCEAN

◊ PUMPS

◊ RESCUE

◊ SALOON

◊ SHIP

◊ SIGNAL

◊ SMITH

◊ SOS CALL

◊ SOUTHAMPTON

◊ WHITE STAR

Creepy-crawlies

```
E A S E I R G I W R A E S
E D D E E T D P L B K Q C
B P C U K L A B F U H S R
E Y R B N L A R V A M B C
L L A L E G G C S M E I P
B F N T I D B Y G U J L W
M K E D Q A B E I V S Q F
U N F B A B T U E Q Z B C
B I L B O M U Y G T O E A
S T Y T A U S I B M L T M
W S F H O R N E T U A E R
M L T T Z W A Q L N R A A
Y G Q I G Z M C O F U O W
R E D A N T B D S P L V S
K W W R Q G O Z Y F E Y W
```

◊ BEDBUG   ◊ EARWIG   ◊ RUBY TAIL

◊ BOTFLY   ◊ FLEA   ◊ SCARAB

◊ BUMBLEBEE   ◊ HORNET   ◊ STING

◊ CRANEFLY   ◊ LARVA   ◊ STINK FLY

◊ DAMSELFLY   ◊ ODONATA   ◊ SWARM

◊ DUNG BEETLE   ◊ RED ANT   ◊ TARSUS

FREE Words

```
I D E E E A L A C I D A R
V L A S L O M I A S A E C
L Z U E Y Z L W M E B T E
D O F F T U F K P T K E R
H L A S S E L P M A S C A
E W S D C E O K J T E I V
A V B E E Q A B P S R O T
N E G N A R T O O T C H C
K B F E R B I F Z A R C N
I M G R D H N K H O R O U
H A N G Y G G C W O D D T
R S I Y E R N E F R P R L
F O V K N U O U A T A C E
G N I D L O H P V D A A N
W U L L D E P F E P A Y B
```

◊ BOARD   ◊ LIVING   ◊ RANGE

◊ CHOICE   ◊ LOADER   ◊ SAMPLE

◊ ENERGY   ◊ LUNCH   ◊ STATE

◊ FLOATING   ◊ MASON   ◊ STYLE

◊ HOLDING   ◊ PARDON   ◊ THROW

◊ HOUSE   ◊ RADICAL   ◊ TRADE

Zeal

```
E X C T N E M E T I C X E
F W E R A U V O P A R E W
Y I T R E I Y F T U N W L
D L N R R H A Z G S A Q C
U L E D W O A O N R U C Y
T I M J U P H Q M E N G T
S N T B I G O T R Y R L I
Y G I D S L H S V E J F D
T N M U P S G F N H E E I
S E M E I M E E R V S F V
U S O N R D D N R Y O D A
G S C C I N T E N S I T Y
E N O I T O V E D E N L O
M W N O I T A C I D E D K
N O I S S A P E R I J K U
```

◊ AVIDITY

◊ BIGOTRY

◊ COMMITMENT

◊ DEDICATION

◊ DEVOTION

◊ DRIVE

◊ ENERGY

◊ EXCITEMENT

◊ FRENZY

◊ GUSTO

◊ INTENSITY

◊ KEENNESS

◊ PASSION

◊ SPIRIT

◊ STUDY

◊ VERVE

◊ WARMTH

◊ WILLINGNESS

UK Prime Ministers

```
O Y Y C A R H T I U Q S A
M A N A H G A L L A C M X
M D U S E W N O R I L A S
B L L K I C M I P E P G V
S A O L B N J F N E Y P H
G N S M S A O E C N F X M
B O O A H Z L R D G A W R
N D P S D O B F E A D C U
E C X E P D B A O M C S S
E A K L R R I P L U A H S
L M A G O C E N H D R C E
T W G W X L E U G L W C L
T E N I H A E V J T G I L
A W G A W A L R A N O B N
I E M D I S R A E L I N P
```

◊ ADDINGTON   ◊ BROWN   ◊ MAY

◊ ASQUITH   ◊ CALLAGHAN   ◊ PELHAM

◊ ATTLEE   ◊ CAMERON   ◊ PERCEVAL

◊ BALDWIN   ◊ CANNING   ◊ RUSSELL

◊ BALFOUR   ◊ DISRAELI   ◊ WALPOLE

◊ BONAR LAW   ◊ MACDONALD   ◊ WILSON

Round Objects

```
P L M T L G T Z P S E C S
E I L O S P Z O E C S P L
R S Z A T G Y D L F H A R
T E Y Z B U E O C E K C A
Q Q P H A E C L R J A B E
H U J G Y K S E I E E U P
S I O K D W Z A C C L H T
G N C I Z E W P B Y O G F
V N A S T I E H J M H H N
P L I O A Y C T P B T A A
E Y K L E V J A A A R M P
N E L L P O Q E G L O E M
N U E N I M R R D S P D R
Y T O V A U U W Z N T A W
R D U B F L O D O T B L H
```

◊ BASEBALL ◊ HUBCAP ◊ PORTHOLE

◊ CIRCLE ◊ MEDAL ◊ QUOIT

◊ CLOCK DIAL ◊ PEARL ◊ SEQUIN

◊ CYMBALS ◊ PENNY ◊ SPHERE

◊ DUMPLING ◊ PIZZA ◊ TOKEN

◊ EYELET ◊ PLATE ◊ WREATH

Obstinate

```
P E R S E V E R I N G H T
I X D J T D K B D E C S P
R N B E I U M O L Q A L D
E R T G N U B B H F Z C I
S U I R L I A B D L G D E
T R I I A V M A O N L F H
I F S E O N E R O R L S A
V H V M A T S R E X N D R
E D M P S Q T I U T A N D
S I E S M S I U G M E Z F
T Z E G D W F O A E M D I
U A A A G P F N J O N X X
R G E Y N O T D S L G T E
D H D G N I D N E B N U D
Y D N U O B E D I H R V L
```

◊ ADAMANT   ◊ HIDEBOUND   ◊ RIGID

◊ DETERMINED   ◊ IMMOVABLE   ◊ STEADFAST

◊ DIEHARD   ◊ INTRANSIGENT   ◊ STIFF

◊ DOGGED   ◊ MULISH   ◊ STUBBORN

◊ FIXED   ◊ PERSEVERING   ◊ STURDY

◊ HEADSTRONG   ◊ RESTIVE   ◊ UNBENDING

78

Sherlock Holmes

```
Z A Y B V U Z M Y S N Y K
Y R O E H T I O A N I T T
R R E D R U M R Z I F R S
E Q M G V L M A W G K A T
L R N Y R I O N F G L I Q
D S Z B S E O G H I J R F
A T F E H T G L I W F O L
E N Z S B E E S I C O M W
N W V K N A M R O N A J B
E T S P O I Y H Y N P L K
R N T C O N A N D O Y L E
I D N U O H N L E L R U I
M I N Q U E S T L S A B F
L E S T R A D E J I R H C
R S Y S E R U T N E V D A
```

◊ ADVENTURES   ◊ IRENE ADLER   ◊ MYSTERY

◊ BAYNES   ◊ LESTRADE   ◊ THEFT

◊ CONAN DOYLE   ◊ LOGICAL   ◊ THEORY

◊ GREGSON   ◊ MORAN   ◊ VILLAINS

◊ HOUND   ◊ MORIARTY   ◊ VIOLIN

◊ INQUEST   ◊ MURDER   ◊ WIGGINS

Oils

```
B K R E V I L D O C N U U
A S I H C A R A Q T G M Z
B E N Z A L D E H Y D E O
A C T W B L A I E Y N G S
S C O F K E M D I E S E L
S J O L W N T O E F G O P
U K F C Z Z F R N B P S A
Q Q S G G A G C C D J V L
D N T Y H R P R R M O G R
G E A C E F O O I C S T O
G R E T T T S N A Y H N T
E E N S O I E D U R C U S
B I N N R O T L I O Y A
W R N A A I C A N O L A C
O O U L W Q L N U P K Y H
```

◊ ALMOND   ◊ CANOLA   ◊ DIESEL

◊ ARACHIS   ◊ CASTOR   ◊ LINSEED

◊ AVOCADO   ◊ COD-LIVER   ◊ MINERAL

◊ BABASSU   ◊ COLZA   ◊ NEAT'S-FOOT

◊ BEECH   ◊ CROTON   ◊ ROSIN

◊ BENZALDEHYDE   ◊ CRUDE   ◊ WINTERGREEN

Walk in the Woods

```
O A M B E L A R A E N A L
L W I F E Q S H U M S S S
E R L L L T E Y J B E O G
N E Y S R R R W Y S W N M
O L F E P E Y U S L I C E
C I A K L P L O N R L B U
E M E B P E M P A K L O O
N W N E H E N E A Z O B H
I K I A E R L D I M W N N
P J D S Y C A M O R E E K
O O N J B E E C H T H A A
L E A V E S Z B T C H G R
O A L F Y S D L I N R H A
I B E E T L E L S K I I Z
L E C A R S F N I G H S B
```

◊ BEECH   ◊ HOLLY   ◊ OWLS

◊ BEETLE   ◊ LEAVES   ◊ PINE CONE

◊ BIRCH   ◊ LICHEN   ◊ STREAM

◊ CELANDINE   ◊ MAPLE   ◊ SYCAMORE

◊ CLEARING   ◊ MOSSES   ◊ TRUNK

◊ CREEPER   ◊ NETTLES   ◊ WILLOW

HA, HA, HA

```
H A V C K H A U B K G A H
A H A T C H E T Q H H S A
W A R N A H L H A D A C H
S V U Z A V T T A A H C I
M A E L U M C U T M B A U
H L L G R H A N B T P S G
H A U T E C U I S I N E E
L H A R V E S T H U L V R
H A Y K C O M M A H U A I
W H A O J A H A U S R U H
H A N K E R N H A R P Y S
T G B H A P H A Z A R D P
P G H A H D B W V E A H M
B L H A E H A R V A R D A
P E T A T I L I B A H S H
```

◊ HABILITATE   ◊ HAMPSHIRE   ◊ HATCHERY

◊ HAGGLE   ◊ HANKER   ◊ HATCHET

◊ HALIBUT   ◊ HAPHAZARD   ◊ HAUNCH

◊ HALLAL   ◊ HARPY   ◊ HAUTE CUISINE

◊ HAMMOCK   ◊ HARVARD   ◊ HAVANA

◊ HAMPER   ◊ HARVEST   ◊ HAZEL

People Who Serve

```
S T Y L R E D R O E C E S
H A N D M A I D E N O R F
C O Q Y E P L E H E M O H
H U C B W A I T E R M I E
A C S U U Y J D D S I R N
M E E T N T R D A I S E C
B O L N O I L L U C S T H
E Y A H V D E E V O I T M
R N B E A S I I R N O I A
L W R U M S E A P C N S N
A U P A I R J O N I A Y V
I T N S L J R B J E I B E
N V A S A T H O M R R A F
S E C R E T A R Y G E B A
P I J R D K N O G E T E R
```

◊ AU PAIR
◊ BABYSITTER
◊ BUTLER
◊ CHAMBERLAIN
◊ COMMISSIONAIRE
◊ CONCIERGE

◊ CUSTODIAN
◊ DRIVER
◊ HANDMAIDEN
◊ HENCHMAN
◊ HOME HELP
◊ NANNY

◊ ORDERLY
◊ PORTER
◊ SALESMAN
◊ SCULLION
◊ SECRETARY
◊ WAITER

Plain and Simple

```
R E S T R A N E D W G U K
E L B I S S E C C A N N J
V E R E T S U A Z V A S P
I H Q D M T N H A R I H D
D N Q P S D M R F M L C I
E V M E I X I W P U W N R
N C N D R E U L F D S A E
T O C I G P E H C E R T C
H K V A F E T C G E C R T
B K T E N U A T N E T A P
Y E M E R T N E R A P P A
D E N T J T I K R A T S Y
O R D I N A R Y F L J T N
L E R D E N I A R T S E R
O D E N R O D A N U O M D
```

◊ ACCESSIBLE   ◊ FRANK   ◊ SIMPLE

◊ APPARENT   ◊ HONEST   ◊ SPARTAN

◊ AUSTERE   ◊ ORDINARY   ◊ STARK

◊ CANDID   ◊ OVERT   ◊ TRUTHFUL

◊ DIRECT   ◊ PATENT   ◊ UNADORNED

◊ EVIDENT   ◊ RESTRAINED ◊ UNVARIEGATED

Lakes

```
V A C F E D N L U O X F O
A Y M K N W C O P A T O S
N F Z O A Y H Z G H F C I
U N M X H E U S G I V R Q
X O H O U R S A L O P D T
L U W E I C E L L N T I A
C V A C O N S T A N C E N
W E H M R G A G F R W H G
K Q S R E X I Z A B A L A
P O N T C H A R T R A I N
T N O A C P A K N B S U Y
O E U I S L F E P F R B I
X G M H A S A X F E W T K
A A M I A S E I W J O J A
K Q D I R H O R R N C V D
```

◊ ARAL SEA   ◊ NEAGH   ◊ RWERU

◊ CONSTANCE   ◊ NIPIGON   ◊ SAIMAA

◊ IZABAL   ◊ OHRID   ◊ ST CLAIR

◊ LOMOND   ◊ ONEGA   ◊ TANGANYIKA

◊ MICHIGAN   ◊ PATOS   ◊ VOLTA

◊ NASSER   ◊ PONTCHARTRAIN   ◊ ZURICH

The Simpsons

```
B A R A S Y T E N I S F A
S P E R A M N K E H A U M
R R S B A B A N S Y T N L
B C E P R W W U E S J W E
R A G D P J T A O L A H S
E N R F N E K C W E R N F
I I A N L A S L S Z R J Y
V M M C E I L E E U N M T
U A M F D Y T F B H E A S
O J H S O J G R D B B G U
B N U H I E M U E E Y G R
S E Y M O U R W M B N I K
R B B R E M O H C B B E N
M O E W C H D W I L L I E
D A V N I T R A M T O E H
```

◊ BARNEY GUMBLE   ◊ JIMBO   ◊ MR BURNS

◊ BENJAMIN   ◊ KRUSTY   ◊ MRS BOUVIER

◊ CLETUS   ◊ LENNY   ◊ NED FLANDERS

◊ DISCO STU   ◊ MAGGIE   ◊ SELMA

◊ HIBBERT   ◊ MARGE   ◊ SEYMOUR

◊ HOMER   ◊ MARTIN   ◊ WILLIE

86   Copy

```
E T A L U M I S R G U M L
S S E N E K I L E F E R A
D C S H M D P T P O I T A
Y U J M C A A P R R A I B
V Q P N I R A E O G O E W
R W E L I M I T D E E F M
Y V R P I K I E U R K R S
A D S I E C G C C Y R E I
I P O R T R A Y E E O T R
F M N R S A T T F P R N A
R I I A A O I L E A R U I
Z B F T R P E Y C A I O G
Y T Y R A C Y E A R M C A
U E A S T T L E D O M O L
C P E A T Y E O V T W U P
```

◊ COUNTERFEIT   ◊ MIRROR   ◊ PLAGIARISM

◊ DUPLICATE   ◊ MODEL   ◊ PORTRAY

◊ FORGERY   ◊ PARODY   ◊ REFLECT

◊ IMITATE   ◊ PARROT   ◊ REPRODUCE

◊ LIKENESS   ◊ PERSONIFY   ◊ SIMULATE

◊ MIMIC   ◊ PIRATE   ◊ TRACE

```
S W X E P M E R A F D S K
A O B V I B S G N I R T R
M R S E O H S A Z R A E C
E R O E F U S Z C E O N L
L A E M T R W A Z T B Q I
O T K A B D C W M T F S M
P V V R L L Y H B U R K B
G O M F X E N I D P U I I
N V O A L I E S A S S S N
I A M L L F E T Z H K T G
P G W E C L M L U I J I R
M I V X Y U E E T A J C O
U A T G Q U E T Q D E K P
J N F O Z B L N K P T E E
R N U Z N E P E R B A S N
```

◊ ARROW

◊ CLIMBING ROPE

◊ FRAME

◊ HURDLE

◊ JAVELIN

◊ JUMPING POLE

◊ MALLET

◊ MASHIE

◊ NETS

◊ PITON

◊ POOL CUE

◊ PUTTER

◊ RINGS

◊ SHOES

◊ SKI STICK

◊ SKITTLE

◊ SURFBOARD

◊ WHISTLE

Whodunit

```
N O P A E W E A R R E W T
O I D M L O V D J Z V Y N
H P O E H D I S G U I S E
Y R O T S R T A U I D J M
X E A U E E O V L G E L E
E E E K F H M W N F N E U
D J B I Y E F I O O C A O
E A N I R E R O S R E D N
S K M I N R R O Q E K S E
P G P I E P L E V N I I D
R I K H T V Z O C S Y L R
O L D D E C A N U I K Z T
C E M D S Q I E R C L P J
R K F C A V P V L S E O B
E C N A T I R E H N I A P
```

◊ CORPSE ◊ INHERITANCE ◊ PROOF

◊ DEATH ◊ KNIFE ◊ RED HERRING

◊ DENOUEMENT ◊ LEADS ◊ SOLVED

◊ DISGUISE ◊ LIES ◊ STORY

◊ EVIDENCE ◊ MOTIVE ◊ VICTIM

◊ FORENSICS ◊ POLICE ◊ WEAPON

```
J T N N P K V P S H Z D T
B E S E O M S D C W V K G
V F H R G I O C Z L I I G
B B A Y J D S R E K B N F
M L R C Z J E I S N P C G
U M D Q E A E W V E E S S
R W W N M T H Y F I L Y T
C H T E Q R P L V I D G Q
A G S A A J A E C A H I U
E E N T A K R E F B H U A
S L I S E S G D S W Z J R
S O P D E P A R T M E N T
N J P M M I R A C S E A E
S P E Y A F A C T O R S R
I B T N M S P J C R A M B
```

◊ CRUMB   ◊ MORSEL   ◊ SHARD

◊ DEPARTMENT   ◊ PARAGRAPH   ◊ SLICE

◊ DIVISION   ◊ QUARTER   ◊ SNIPPET

◊ FACET   ◊ RATION   ◊ VERSE

◊ FACTOR   ◊ SAMPLE   ◊ WEDGE

◊ FLAKE   ◊ SCENE   ◊ WING

Game of Thrones

```
Q W L F I T P V L I R B N
P C S N K E S A M W E L L
P S U D E R H U I K S E C
N G R K N N X R R O S R C
R L D A E A O K V O A L W
E E A R M N L A O E P A T
R D R N F S A R P L Q G R
S A D L N R A S E A R E O
H K E A B I N Y T V V A P
F E C V R U S W V E I H S
T T T Y S D X T Y H B R D
W I L D L I N G E T P U R
D A L R G H J H S R V D O
V R E G N I F E L T T I L
W N O D N A R R U D Z S K
```

◊ BRAAVOS   ◊ LITTLEFINGER   ◊ ROOSE

◊ DURRANDON   ◊ LORDSPORT   ◊ SAMWELL

◊ EDDARD   ◊ RAMSAY   ◊ SUNSPEAR

◊ HARRENHAL   ◊ RED KEEP   ◊ THE VALE

◊ IRON FLEET   ◊ RHAEGAL   ◊ VALYRIA

◊ LANNISTER   ◊ RIVERLANDS   ◊ WILDLING

Art Media

```
C B T F Y E C E T Y A R S
A E F R G R G J N T R G C
D D R U A N E O D T E L I
E B S Y I N I C C U P M M
S U O T J T S Z A P M C A
C N E H A S E F A R E H R
F I N D H W T E E L T A E
D E A Q Y T H E G R G R C
L R I S I M U O N A S C A
G E H L O V V C I C E O S
F Q T C E M H R D V I A T
V R M S T R A C L O P L R
K B P G A E E E I K O Z E
F E E K D P K C G T P W L
C I H P A R G S B W Z A O
```

◊ CERAMICS   ◊ GRAPHIC   ◊ STENCIL

◊ CHARCOAL   ◊ MOSAIC   ◊ TEMPERA

◊ CRAYON   ◊ PASTEL   ◊ TINGE

◊ GILDING   ◊ PUTTY   ◊ TRACERY

◊ GLAZING   ◊ RELIEF   ◊ TRANSFERS

◊ GRADATION   ◊ SKETCH   ◊ WOODCUT

Creatures

```
S E R V A R E E B M L E A
S L E S M L B S S Y A M F
T Y V L Y Z P P O M S R J
Y N J C G O H S I O U I E
B X Y E G A S M J Y M L I
W I L Z N E E F B P A M A
S A S E N W K A A N T M B
E Z S O K Z B L D B O A R
T E I P N H A F S J P G P
H L Y M S E Q R R Y O V V
L A K U D S A D N A P U P
S H B J O U W V K H P E O
W W B E G O C V W E I Y M
H P A A B M H W A I H E U
O V J N E G A R B E Z O J
```

◊ BISON   ◊ IMPALA   ◊ MOUSE

◊ BOAR   ◊ JAGUAR   ◊ PANDA

◊ BUSH BABY   ◊ LIONESS   ◊ SWAN

◊ EAGLE   ◊ LYNX   ◊ WASP

◊ ELAND   ◊ MARE   ◊ WHALE

◊ HIPPOPOTAMUS ◊ MOOSE   ◊ ZEBRA

Keep in Touch

```
C T X E T S K Y S A K E B
E O T E E W T E E N L E Z
A B M D J V R V J H A T I
Y O W M D G A N W C T I U
L F R W U R P O N H M R A
D W I Q N N M C F A T W Y
L I S T E N I B E T T K R
R S S R O E L C U T T E R
G H K P E N S M A O G W G
G E R E L W H A I T F F M
H I S S S A S G R E E T R
A H M T G I Y N M T J M O
H T G Y U O A E A T G J F
Y D J G C R E I I W C P N
V E S T I B E B L K F D I
```

◊ AIRMAIL   ◊ GESTURE   ◊ NOTIFY

◊ ANSWER   ◊ GREET   ◊ TALK

◊ CHAT TO   ◊ IMPART   ◊ TEXT

◊ COMMUNICATE   ◊ INFORM   ◊ TWEET

◊ CONVEY   ◊ LIAISE   ◊ UTTER

◊ DISPLAY   ◊ LISTEN   ◊ WRITE

94   **Party**

```
H L O T G F E G S M P D M
N L N L N S H I N D I G P
I E Z M Q E S R W N A R T
A W D N G P M T N J A E A
L E A R L G L E F U U N N
A R U H A T R U R Q I T N
G A E D P G N U N I N I I
W F E I J C Q A O E T P V
J Y R L T W B Z M K K E E
L S I I I F A E E Z K B R
S Z O E L H G S C V N H S
P N S C J A H D S N A Q A
R L Y H G P H U H A A R R
E L G N I D D E W R I D Y
E L E B I R T H D A Y L G
```

◊ ANNIVERSARY   ◊ ENGAGEMENT   ◊ RETIREMENT

◊ BANQUET   ◊ FAREWELL   ◊ SHINDIG

◊ BIRTHDAY   ◊ FUNCTION   ◊ SOIREE

◊ CEILIDH   ◊ GALA   ◊ SPREE

◊ DANCE   ◊ GARDEN   ◊ WASSAIL

◊ DINNER   ◊ RAVE   ◊ WEDDING

Palindromes

```
L N U M I N U M U N I M H
A I H N S E E M G G E C P
R Z V A B A R Q A B X U B
A E G E M I O L L D P Y R
V A W H E T E H O I A E W
S W T A S V I P L F V M S
H H I N R M I S I I R P T
A I P N T D S L V D U Z A
H S U A H L D E W T K R C
S I L H I I R R U Y O R K
T H L P H O R P A T D A C
N W U H S N E M O W A D A
O P P K M O F R K T E A T
O D E I F I E D F Z P R S
N A N A I L R A T E N E T
```

◊ DEIFIED

◊ HANNAH

◊ LION OIL

◊ LIVE EVIL

◊ MADAM

◊ NOON

◊ PULL UP

◊ PUPILS SLIP UP

◊ PUT UP

◊ RADAR

◊ REFER

◊ REVIVER

◊ REWARD DRAWER

◊ ROTOR

◊ SAGAS

◊ SHAHS

◊ STACK CATS

◊ TENET

Ladders

```
D G N I D L O F K M J A X
G A N G W A Y O O A R N G
R E T R A U Q N C T E E L
N G E V D Y K O I P I H O
R V N O R E B C Z L R C O
R A C Y Y S U L C A T T T
H M T P E L C I O T E I S
U U M L A M C B M F H K P
M U L T I P U R P O S E E
S M E K V N O A A R Q G T
B D X W H L E R N M G S S
W I N J L I C Y I H M W A
T H G I A R T S O G X N G
U V N W E X T E N S I O N
S G N I K C I P T I U R F
```

◊ ARTICULATED   ◊ GANGWAY   ◊ PLATFORM

◊ COMPANION   ◊ JACOB'S   ◊ QUARTER

◊ ETRIER   ◊ KITCHEN   ◊ RATLINE

◊ EXTENSION   ◊ LIBRARY   ◊ ROLLING

◊ FOLDING   ◊ MONKEY   ◊ STEP STOOL

◊ FRUIT-PICKING   ◊ MULTIPURPOSE   ◊ STRAIGHT

Sailing

```
T C U Z B I C S D H R J T
E B I N N A C L E Z E Y N
K B T O W I N G J D H M B
C N B L E U T E Q F I T Q
A X I I Q R G I L F G T E
J L I V N D C N N N J T T
E S K L I G S B I H N A A
F H B R F X A S H G U C T
I M B R H S I C L E G K D
L V A X N U T B S Y C I H
V H O I R I L R P E F N R
W T B C P H U F R Q D G V
Y A C H T O E W A R G S T
C R N A C H A L Y A R D I
H D N Y W U M A M C A V J
```

◊ BINNACLE   ◊ HALYARD   ◊ TACKING

◊ BRIDGE   ◊ HELM   ◊ TIDES

◊ CABINS   ◊ LIFE JACKET   ◊ TOWING

◊ COURSE   ◊ PITCH   ◊ WHARF

◊ CRUISING   ◊ RIGGING   ◊ WRECK

◊ EBBING   ◊ SPRAY   ◊ YACHT

I Words

```
I U I I A S C I F U N P I
I C O N I C G V G R F D D
G I W R S I C A R U S N I
N G A A H E P E U A I A I
I A E C A I N U C W J L S
K G W D I I M S I N L E T
C N I O U Q I N I Y C C H
O I R R I T A T E T A I M
L H I G M I I J A V I C U
R C D C M R M T P L L V S
E T I D E A L P P R I Y E
T I W Y R N D K A E Y A H
N U A S S I I B L I N U N
I W I H E A U I I U R I I
I N S E D N G Y J I M N E
```

◊ ICARUS   ◊ IMMERSE   ◊ IOWAN

◊ ICELAND   ◊ IMPAIR   ◊ IRANIAN

◊ ICENI   ◊ INEPTITUDE   ◊ IRRITATE

◊ ICONIC   ◊ INLET   ◊ ISTHMUS

◊ IDEAL   ◊ INSENSITIVE   ◊ ITALIAN

◊ ILIAC   ◊ INTERLOCKING   ◊ ITCHING

Cleaning

```
Y H Y H Y S E K Y E X O C
Y S C W N C E R B R O O N
U I T A I E A P Z U W Z Q
S L M M E T H G I M L O L
P O U R I L Y S A W V S L
A P Z N K B B A E E C H A
R L A M U V W R R G V U
K S N I A T S A U P F I R
L E W O T K L B L Z S C E
I A Z K Z L B U C K E T N
N K T E S I N H Y M Y M E
G Y N H N G A U O Q N M T
L W V G E R H O G W I Q I
W A S R K R R H S R R U H
I D A V E B X G G H J D W
```

◊ BLEACH   ◊ OVERALLS   ◊ SPARKLING

◊ BROOM   ◊ PLUNGER   ◊ SPRAY

◊ BUCKET   ◊ POLISH   ◊ STAINS

◊ FRESHEN   ◊ PUMICE   ◊ TOWEL

◊ GRIME   ◊ SANITARY   ◊ WHITENER

◊ LATHER   ◊ SCRUBBING   ◊ WIPES

Discreet Words

```
E T A C I L E D T E G O J
B D C W N T V I V W B H U
B K I G I Z I I G E Q O D
Y H T R O W T S U R T K I
G D M N L E I A I R A T C
H U S O R Q S V C E L N I
L N A C D M N R P T U E O
H A E R T E E N O I F D U
Z S G E D D S O L R E U S
Y S I E R E U T I I R R L
E U Z A N U D F T N A P Z
Q M G I K T M B I G C G V
M I N D F U L E C E W F M
G N A N M B C E D E E O G
U G E T A R E D I S N O C
```

◊ CAREFUL ◊ JUDICIOUS ◊ RETIRING

◊ CONSIDERATE ◊ MINDFUL ◊ SECRETIVE

◊ DELICATE ◊ MODEST ◊ SENSITIVE

◊ DEMURE ◊ POLITIC ◊ TACTFUL

◊ GENTLE ◊ PRUDENT ◊ TRUSTWORTHY

◊ GUARDED ◊ QUIET ◊ UNASSUMING

J Words

```
J E R I N A R K S E R I J
H J A C K A L O J L J O E
U J I G G L E J L E A B J
J J A N U A R Y A I J I E
Y A V J G G O J I U A L R
J S M J E O B B D Q N J S
A F I B Y A I D R I J T E
T J Y Z O Y E S K E A E Y
E U Z I J R B R M E J J S
J A W E A U E J U D G E D
J O O J D J L E Y U P U E
N J Y J A M A I C A J O F
Y P F O V E J F A D R A G
E D R A U Q C A J N U E A
J U R J O S T L E D L U J
```

◊ JACKAL   ◊ JAUNTY   ◊ JINGOISM

◊ JACQUARD   ◊ JAZZY   ◊ JOSTLED

◊ JAILOR   ◊ JERBOA   ◊ JOYOUS

◊ JAMAICA   ◊ JERKIN   ◊ JUDDER

◊ JAMBOREE   ◊ JERSEY   ◊ JUDGED

◊ JANUARY   ◊ JIGGLE   ◊ JULIAN

Animal Words and Phrases

```
D R A Z I L E G N U O L E
F I S H Y T A L E H O W L
W O C H S A C M C N M T O
Z O H Q F I A D E L K W H
C E L V P R F W W D U O X
A Y B F V B O D T E U R O
P S N V W L A G L M S C F
L U R M F H M C M O M E K
U Z P M K C I L T A C R I
K C E P N E H S R E N A Q
E Y D B Y C R A T R A C E
D E Y E E L G A E L V S R
M S Y A D G O D K B E K D
L T O P D O G V Q T I U C
L F H O R S E S E N S E T
```

◊ CASH COW
◊ CAT LICK
◊ COLD FISH
◊ DOG DAYS
◊ EAGLE EYED
◊ FISHY TALE

◊ FOXHOLE
◊ FROGMAN
◊ HENPECK
◊ HORSE SENSE
◊ LAME DUCK
◊ LONE WOLF

◊ LOUNGE LIZARD
◊ PUPPY LOVE
◊ RAT RACE
◊ SCARECROW
◊ TOP DOG
◊ WOLF WHISTLE

Bathroom

```
K N C H Y W R K A S O L H
C M M C P A M V O E Z S S
C L A T T S F I B D D I I
O S E E R L P A R U Z H D
M N D A A Y T O S R K A P
B I Z N N H C Q N N O I A
B O N B T I M H I G K R O
R E V O O M N S S N E B S
L D W T O Z G G S X C R E
H E N U L B I F I P L U G
L P S B K O O P M A H S Y
I S B U I R C A E F R H V
E I E T S A P H T O O T O
D M D N R E L A X I N G K
F W N H Z E E J B Q M H V
```

◊ BATH TOWEL ◊ MIRROR ◊ SINK

◊ BIDET ◊ MOUSSE ◊ SOAP DISH

◊ CLEANING ◊ PLUG ◊ SPONGE

◊ COMB ◊ RAZOR ◊ SUDS

◊ FLANNEL ◊ RELAXING ◊ TALC

◊ HAIRBRUSH ◊ SHAMPOO ◊ TOOTHPASTE

Famous New Zealanders

```
J A E G A Y V H F T E K T
L M A L M W K R R Z C U H
I B D T I X A E M E A D S
K O W L A M H N I C Z Y M
A P S E E G I M A T W F Z
U O T K A I N N E K T I A
N S Y L B G F V Y K E A Q
B H L O A B C H C H P T W
T A W R Y D T U C S W T J
G E P M K E B S R R Q W P
N A E C W U D A B A U B M
V X A O A W N V U M J B I
Z T R D I M R A I D C A M
A C S S N I K G D O H P G
R J E Y I Z I E A U B E J
```

◊ AITKEN   ◊ FRAME   ◊ NGATA

◊ ATACK   ◊ GALLAGHER   ◊ PEARSE

◊ BOWEN   ◊ HODGKINS   ◊ SAVAGE

◊ BUCK   ◊ MACDIARMID   ◊ TE KANAWA

◊ BURCHFIELD   ◊ MARSH   ◊ WATTIE

◊ CROWE   ◊ MEADS   ◊ WILSON

The Romans

```
E L G A E E L D E O E L O
A G O T E S B A T H S R O
L E S E S T E R C E E D S
E A U U B F N K N O Z U
D I O C L E T I A N U S T
Y H R J A L R N O T P K S
M V B V B T I O D O O E U
A Y I M A U S T M Y D R G
B Z G L G C N P N U U E U
R E S L A V E S N I L W A
B W Q E L Y P T E F U U K
L R S K E T I I R N W Q S
F A D H G A D P V G E A Q
R M C D E B M E A H S C B
Y L N I T A L A S T B C A
```

◊ AUGUSTUS   ◊ LATIN   ◊ ROMULUS

◊ BATHS   ◊ LIVY   ◊ SENATOR

◊ CAESAR   ◊ NERO   ◊ SENECA

◊ DIOCLETIANUS   ◊ NERVA   ◊ SESTERCE

◊ EAGLE   ◊ POMPEY   ◊ SLAVES

◊ ELAGABALUS   ◊ QUINTILLUS   ◊ TOGA

Things That Can Be Spread

```
F  L  I  M  S  T  Y  S  Z  O  K  S  F
O  T  Z  D  P  M  F  N  U  T  S  I  E
T  Z  E  A  E  V  O  D  L  R  P  R  G
W  E  N  H  H  S  N  I  E  G  I  Q  A
S  I  Y  B  H  I  U  G  E  N  U  V  S
C  A  L  E  W  Q  N  E  Z  L  A  A  S
M  N  E  D  O  I  B  C  B  N  T  W  E
R  T  E  T  F  Y  R  A  I  V  A  C  M
L  E  X  G  T  I  E  B  W  F  H  Y  E
E  E  T  V  A  S  R  N  W  E  I  S  H
J  S  Q  S  G  M  O  E  O  C  N  M  T
E  Y  B  P  A  I  A  C  C  H  I  R  N
M  A  R  M  A  L  A  D  E  N  F  E  X
B  W  M  U  D  B  P  I  D  H  W  G  P
Y  B  Y  E  N  A  K  P  N  S  T  K  S
```

◊ CAVIAR   ◊ MAYHEM   ◊ SHEET

◊ DAMAGE   ◊ NEWS   ◊ TAHINI

◊ FINGERS   ◊ PANIC   ◊ THE COST

◊ GERMS   ◊ PLASTER   ◊ THE MESSAGE

◊ HONEY   ◊ QUILT   ◊ VIRUS

◊ MARMALADE   ◊ SEEDS   ◊ WILDFIRE

Words Containing RAT

```
Y A P E R R A T I C K S R
T R C R A T E T S D E E A
U R O C U R A T E M R T T
U V A T E R A T A U A A E
A N G T A L A H H S T R V
V I G D F R E S T Y I G I
A N A R R G O R B A N Q T
L G T E A S A L A G R Z A
S R S Z N T C R P T B W R
I A G C A L E R A X E R E
T T U C R A T F A T E A P
A E T A R G P A U T T T M
R M A R A T H O N L C A I
B E S E T A R E B A T H R
A R A T E B B R E T A R C
```

◊ ACCELERATE
◊ EXPLORATORY
◊ NARRATE

◊ BERATES
◊ GRATES
◊ SCRATCH

◊ BRATISLAVA
◊ IMPERATIVE
◊ SERRATED

◊ CRATER
◊ INGRATE
◊ STRATA

◊ CURATE
◊ KERATIN
◊ UNGRATEFUL

◊ ERRATIC
◊ MARATHON
◊ WRATH

Goddesses

```
R F R E I A A S A N D R A
A N A I D G B M I T J I U
T A R O R U A E R R M R A
H M V U C C G S F H E Y R
S R D E W Y L H S O E N J
I E H Z N J B K Y R C E E
W T A E U U A E F B Z S X
Q R U J S L S N L A H B V
X A H A J T L T T E R I H
J T K I Y C I H C Y C N U
Q S G E A D E A V T Y Q N
I A R R W N T Y O E H G P
E F A Q E E N R A T S E E
G G I R F V I O L R W T K
Y A S M I A R J N N L O A
```

◊ ASTARTE   ◊ FREYA   ◊ LAKSHMI

◊ ATHENE   ◊ FRIGG   ◊ MESHKENT

◊ AURORA   ◊ HECATE   ◊ RHIANNON

◊ CYBELE   ◊ HESTIA   ◊ VENUS

◊ DIANA   ◊ IRENE   ◊ VESTA

◊ DURGA   ◊ ISHTAR   ◊ VICTORIA

Bread

```
U R P E Z I P E L N N G V
K N E A D W T A M W N N H
G A R L I C I R F O V I A
V E S E T E U E R T V L
N U T T Y W T N B B N O L
C I R A I T D I I A O R A
D H A Y E C S G H Y C P H
J A A R H H K U E W T K C
P I E P G N W A R O M S Z
E L B R A E S E A C Y L F
P U R Y B T L S L E A L S
E O M C V N T O B O O O I
O G N I S I R I H U H R G
L M R W U J I O R W N W S
G N I D A E N K C F L O U
```

◊ BROWN

◊ CHALLAH

◊ CHAPATTI

◊ CORNBREAD

◊ CRUSTY

◊ FLOUR

◊ GARLIC

◊ KNEADING

◊ PROVING

◊ RISING

◊ ROLLS

◊ STICK

◊ TOAST

◊ WHITE

◊ WHOLE-GRAIN

◊ WHOLE-WHEAT

◊ YEAST

◊ ZWIEBACK

110 Green Things

```
Y R E V O L C E Y U F V C
T N C C H L M W I I U A S
R M A K O Y U E N K B K J
A T T C F H S C A B G N J
P F E O Q P H O A D M L R
U D R R Z O C G N D O F C
W E P M C R E B D L K W C
D L I A U O U V D M Q T S
D T L H U L I S I Z C D T
A R L S C H W L H L L U Z
N U A I B C D S L E O L T
E T R G Z E S E I A S I I
N Y I Y O A R F H W U G A
V U N R R N R E Z W Y H G
Y T A G E O E D T O Z T C
```

◊ BERET ◊ ENVY ◊ MEADOW

◊ CABBAGE ◊ FIELDS ◊ OLIVE

◊ CATERPILLAR ◊ FINCH ◊ PARTY

◊ CHLOROPHYLL ◊ GRASS ◊ RUSHES

◊ CLOVER ◊ LIGHT ◊ SHAMROCK

◊ DRAGON ◊ LIZARD ◊ TURTLE

Words Containing LIP

111

```
H S P Y S R E P P I L S L
P N P H P P P A E S L I I
I I V I I I I P I L N N P
L Q L L L G L E U I A O A
A Z C L I U U R U P T I P
C N M R I L T C T T U T E
U L E I E F L L R A R C L
D D I G L P E I O A B U L
N L K P P L P P P U Q S I
L O O D B S I I I U D O P
I Y N X J O L P L Y T P T
P H G S L C A L E F X I I
H A R E L I P R H D W L C
S P I L W I P N D W E A A
P I L S Y A P O L I P W L
```

◊ CALIPH   ◊ HARELIP   ◊ OXLIP

◊ CLIPART   ◊ HELIPORT   ◊ PAPER CLIP

◊ CLIPBOARD   ◊ LILLIPUT   ◊ PAYSLIP

◊ ELLIPTICAL   ◊ LIPOSUCTION   ◊ SLIPPERS

◊ FILLIP   ◊ MILLIPEDE   ◊ TULIPS

◊ FLIPPER   ◊ NONSLIP   ◊ UNCLIP

Words Containing AND

```
A  G  N  I  D  N  A  T  S  E  T  L  L
R  N  K  C  N  V  F  A  N  D  I  A  C
D  E  D  U  A  W  D  N  A  H  D  N  D
A  E  D  P  O  L  A  N  D  V  N  D  N
Y  D  D  N  G  A  N  D  Y  A  A  U  A
D  L  N  N  A  L  G  D  B  N  B  D  S
N  R  A  A  A  U  F  N  S  D  N  S  R
A  R  L  D  P  M  Q  A  X  A  C  I  E
B  E  G  N  T  V  E  S  R  L  A  N  D
S  I  N  A  A  S  E  R  E  I  N  I  N
U  D  E  R  N  A  E  E  D  S  D  T  A
H  N  Y  R  D  N  A  P  N  M  L  S  T
G  A  B  K  E  D  U  M  A  I  E  Q  S
J  S  E  I  M  Y  E  A  H  A  N  D  Y
A  I  V  A  N  I  D  N  A  C  S  X  B
```

◊ AMPERSAND   ◊ HANDY   ◊ SANDY

◊ BANDIT   ◊ HUSBAND   ◊ SCANDINAVIA

◊ BYSTANDERS   ◊ PANDA   ◊ SQUANDER

◊ CANDLE   ◊ POLAND   ◊ STANDING

◊ ENGLAND   ◊ REMANDED   ◊ TANDEM

◊ ERRAND   ◊ SANDIER   ◊ VANDALISM

Animal Stars

```
O B H O N I T N I T N I R
F L I C K A T M U R R A Y
D A G Q B R B L Z N E O Y
H C C H A M P I O N Z S G
O K O M V M C M L S H I B
O B P M O V L Z Q U E F O
C E M B E I V H Y D N P R
H A H M Y T E F P E T E Y
F U M O R R I S S P P W F
M T B R C C T H I P V W Z
E Y N U K O O G I L B E G
L B L P D Z J L R C V T D
A E T K D D F E V V L E Q
S K I P P Y Y D V I R I R
U A V W D P J N Y M Z O U
```

◊ BLACK BEAUTY   ◊ HERCULES   ◊ PETEY

◊ BUDDY   ◊ HOOCH   ◊ RIN TIN TIN

◊ CHAMPION   ◊ MORRIS   ◊ SALEM

◊ COMET   ◊ MR ED   ◊ SILVER

◊ FLICKA   ◊ MURRAY   ◊ SKIPPY

◊ FLIPPER   ◊ NUNZIO   ◊ TRAMP

Stitches

```
K P E R I M G G G F O J E
S T I H X A W H G D L X L
A E O H R L W S J G E N B
I C D T W M G I N N H P B
L O E L V N L I O Z B W O
M R D I I P K B Y R A I B
A A B N R C G J S K S S I
K L N C O N W X I C Q I H
E U R T I C R M A R U L A
R O S R P H G S D O E L M
S J R I C E Q A Y S C E A
X E H G Q V O E Z S H R M
H S L L O R C S A G A T X
O V E R L O C K L U I A R
W G T E K N A L B Y N Z G
```

◊ BASQUE   ◊ CROSS   ◊ SAILMAKER'S

◊ BLANKET   ◊ GARTER   ◊ SCROLL

◊ BOBBLE   ◊ HERRINGBONE   ◊ STOCKING

◊ CHAIN   ◊ LAZY-DAISY   ◊ TRELLIS

◊ CHEVRON   ◊ OVERLOCK   ◊ WHIP

◊ CORAL   ◊ RUNNING   ◊ ZIGZAG

F1 Grand Prix Winners

```
W U P O C X T A R N O U X
C W I N I N I N N A N B P
K E J O O J A D U L X R Q
O M V A S C A R I H X E C
V X Q E I B L A C P F V G
A Z V B R D H W N K M S R
L A U D A T K R G O H O E
A K A T M B L G S P P N Q
I J O C O E R S B Y O U E
N E S C H U M A C H E R R
E I S D T Z E A B W Z Z K
N C U T T I N C J H A L H
H E M P G N D B A D A D H
Q A X K E V K T T P L M X
N P U S R A I K K O N E N
```

◊ ARNOUX   ◊ KUBICA   ◊ RAIKKONEN

◊ ASCARI   ◊ LAUDA   ◊ REVSON

◊ BRABHAM   ◊ MOSS   ◊ RUTTMAN

◊ CEVERT   ◊ MUSSO   ◊ SCHUMACHER

◊ HUNT   ◊ NANNINI   ◊ SENNA

◊ KOVALAINEN   ◊ PACE   ◊ WARD

Floral Clock

```
I  V  Z  K  J  S  I  K  J  P  F  U  O
W  E  M  N  D  A  C  K  W  K  S  A  O
O  M  H  N  G  N  I  T  N  A  L  P  Z
X  Y  A  E  C  H  E  V  E  R  I  A  A
A  H  S  R  K  S  X  T  L  A  O  N  G
L  T  S  U  I  Q  G  G  I  A  I  I  N
I  L  B  G  E  G  Q  N  G  E  S  V  O
S  G  R  E  O  L  O  K  L  R  H  H  R
M  N  E  L  S  G  C  L  A  Y  A  V  A
Q  I  H  S  E  S  U  O  D  M  S  S  T
S  G  N  B  R  M  K  U  L  P  U  L  S
E  D  D  U  C  S  I  Z  I  E  L  U  C
D  E  O  X  T  H  Y  L  E  V  U  V  A
U  H  A  V  A  E  U  E  T  E  A  S  U
M  F  P  Y  H  T  S  G  G  Q  U  W  V
```

◊ BEGONIA   ◊ HERBS   ◊ PLANTING

◊ COLEUS   ◊ HOURS   ◊ SALVIA

◊ ECHEVERIA   ◊ MARIGOLD   ◊ SEDUM

◊ EDGING   ◊ MINUTES   ◊ TARONGA ZOO

◊ GRASS   ◊ MULLEIN   ◊ THYME

◊ HANDS   ◊ OXALIS   ◊ TULIPS

Exploration and Discovery

```
A  N  A  C  I  T  C  R  A  T  N  A  E
E  F  P  D  A  C  V  S  K  N  U  Z  S
N  H  R  V  N  J  U  R  Q  S  L  K  O
I  M  T  I  A  I  R  O  T  C  I  V  L
U  V  H  J  C  M  S  R  C  V  O  O  Z
G  R  B  O  V  A  A  A  A  Y  G  W  A
W  O  S  D  E  L  N  Z  A  N  R  B  Z
E  I  N  Y  I  O  L  G  O  I  V  A  J
N  R  O  A  E  T  E  C  N  N  M  A  L
A  E  R  S  Y  H  R  C  H  B  M  E  O
U  T  T  G  W  K  A  A  E  A  V  G  P
P  N  A  R  K  S  B  Z  I  A  I  K  I
A  I  P  R  A  P  I  C  R  L  O  T  T
P  H  O  U  J  D  A  T  Q  B  S  T  I
V  U  Y  P  V  R  E  K  E  K  I  T  M
```

◊ AFRICA
◊ AMAZON
◊ ANTARCTICA
◊ AUSTRALIA
◊ CANOES
◊ CONGO

◊ HAITI
◊ INCAS
◊ INTERIOR
◊ JAMAICA
◊ PAPUA NEW GUINEA
◊ PATRONS

◊ TRADE
◊ TRAILS
◊ TRAVEL
◊ VICTORIA
◊ VOYAGE
◊ ZAMBEZI

118 Feline Friends

```
Y G L E C M R L C V A X U
P S R B G W H A I R S T Z
B P A O U A D U C A E C G
T A M B O R X N A M T E A
C H S W U M B V W E P S R
E Z G K N T I J E B U U F
H H D I E H Y N J N R O I
C O Y M S T U F G S A M E
E T Y G A E C N A G L A L
E T U C I L Y E K I L T D
U M M C A G L E P K O E N
G O P W B F X U D T C P N
T V S L R W X Q K O L E F
X I L E F L P A W S O N X
A T H G E R I N A S D G A
```

◊ BASKET   ◊ GARFIELD   ◊ NEPETA

◊ CLAWS   ◊ GOOD EYESIGHT   ◊ PAWS

◊ COLLAR   ◊ GROOMING   ◊ QUEEN

◊ CUTE   ◊ HAIRS   ◊ TAIL

◊ FELIX   ◊ MANX   ◊ TOMCAT

◊ FLEAS   ◊ MOUSE   ◊ WARMTH

```
I  T  P  C  K  C  H  E  S  E  D  U  S
T  D  Y  I  R  G  L  Y  T  A  X  L  I
R  E  E  N  A  P  C  E  R  N  E  Y  E
P  R  I  G  G  N  I  N  Y  T  Y  P  P
L  K  E  Y  U  R  A  V  R  D  V  Y  M
E  C  Z  T  Z  I  U  O  X  C  E  E  R
V  A  T  L  S  F  F  G  Z  C  N  N  Q
O  J  W  E  I  E  R  Z  O  M  A  G  L
R  Y  I  W  U  P  C  O  D  C  C  A  E
P  R  N  Q  W  A  L  I  D  D  O  N  I
F  D  O  X  B  E  C  E  E  I  J  A  R
R  R  V  E  A  T  F  R  D  L  U  V  B
E  O  C  A  I  R  B  U  Z  E  D  P  A
E  O  S  A  C  Y  D  A  E  C  K  E  G
U  I  C  A  P  O  D  I  M  O  G  L  R
```

◊ CABECOU   ◊ FRIESIAN   ◊ RED LEICESTER

◊ CERNEY   ◊ GABRIEL   ◊ ROQUEFORT

◊ COOLEA   ◊ LEYDEN   ◊ TYN GRUG

◊ DERBY   ◊ PANEER   ◊ TYNING

◊ DRY JACK   ◊ PROVEL   ◊ UBRIACO

◊ EDELPILZ   ◊ PYENGANA   ◊ VENACO

Architecture

```
N R E L E C E M A Y Q P T
A O O I Z V I O R P Y Q S
H D N W I F D E O B Y U O
T U E G H H A Y S A R S P
E T O U C N M U L O C D M
B Y C B Q A S O T W Z R I
A N L H Q O P R N F D S U
Z N A D M U R I A E V G A
I A S O C L E A T L L F A
L C S L E I O A B A L T R
E S I I L H R L P R L I T
E U C F O O C O S J E F P
R T A B C N S I D M R E S
I D L E T N I L N Y U A A
Y P D U U C E C E S B N Q
```

◊ BAROQUE   ◊ ELIZABETHAN   ◊ OGIVE

◊ CAPITAL   ◊ IMPOST   ◊ PILLAR

◊ COLUMN   ◊ IONIC   ◊ SOCLE

◊ CUPOLA   ◊ LINTEL   ◊ TORUS

◊ DECORATED   ◊ NEOCLASSICAL   ◊ TUDOR

◊ DORIC   ◊ NICHE   ◊ TUSCAN

Ability

```
B A F S L E G P B M W F M
O R D A W W D J O O A S A
T E Y E C Y G U L W S F S
N M G I X U P A T E E M T
E J R P H T L R N I I R E
L E E H R M E T O V T O R
A S N F R O F R Y W I P Y
T I E B A E P O I N E C A
A T E C D C G E G T A S S
P R O F I C I E N C Y U S
E E R J P U N L I S I C T
N P V L E U Z F I N I O U
E X E D I K F S E T U T K
L E M T Z E V G Y C Y Q Y
E I Y E R A W O H W O N K
```

◊ APTITUDE ◊ FACILITY ◊ POWER

◊ DEFTNESS ◊ FACULTY ◊ PROFICIENCY

◊ DEXTERITY ◊ GENIUS ◊ PROPENSITY

◊ EFFICACY ◊ INGENUITY ◊ PROWESS

◊ ENERGY ◊ KNOW-HOW ◊ TALENT

◊ EXPERTISE ◊ MASTERY ◊ TOUCH

Japan

```
R A F I M A D T T E V F R
O Q R I K V T K I M O N O
K J H U H A V A I P A Q I
Y L S O K A Z U G E P R N
O F A H A A G A C I O J A
K U I H O M M O Y T N A E
O J T L H G C A T I S W L
L I A D X I U O K S M G Y
A Y M H F O T N I H S E M
R A A I O F A J V H M I K
U M C Y T G Q W I P Q S E
D A K O O Y J M E O B H Q
P O R Y Y U A R I F E A U
T G A X K N O I P E V B D
E Y J L E R I B A R A K I
```

◊ EMPEROR

◊ FUJIYAMA

◊ GEISHA

◊ IBARAKI

◊ KAMAKURA

◊ KIMONO

◊ KYOTO

◊ MIYAZAKI

◊ NAGOYA

◊ NIGATA

◊ OKAZU

◊ PACIFIC OCEAN

◊ SAITAMA

◊ SHIMANE

◊ SHINTO

◊ SHOGUN

◊ TOKYO

◊ TOTTORI

In the Air

```
R T J S R A L G U K R C S
Y O R Y O E K W S U E O D
H S I G D U Z Q E K J N U
P L A N E Y N E L S O T O
E M K M Y U S D E F T R L
Z M M U I T L V W R D A C
I H W O C C L O M A B I M
E H H E Y Q R L E A V L M
D N S S Z Z U O E E E E G
R N O B H A Z E L M O T S
I U X R G W A B U I S I S
Z L Y G D O B M C A G M V
Z A G W J U V M L G O H L
L A E J B B S Z P K T O T
E Q N S C E N T E I Y S Q
```

◊ BREEZE   ◊ DUST   ◊ SCENT

◊ BUBBLE   ◊ HAZE   ◊ SMELL

◊ CLOUDS   ◊ INSECTS   ◊ SMOKE

◊ CONTRAIL   ◊ MICROLIGHT   ◊ SOUND WAVES

◊ DRIZZLE   ◊ OXYGEN   ◊ STEAM

◊ DRONE   ◊ PLANE   ◊ ZEPHYR

EARTH Words

```
F N O S H I N E B T P O C
M H N G Y B S P A H A T N
E R H T R C F Y S G Z O T
H A U O L E X S D I N R J
T S W O M E E N Y E E U J
F N S J P D U N V M E C X
O E E E D O E A O T C O T
T G F O B T E R M D N S J
L S G Q R H M E A N E T D
A R T U S E N T R O I T B
S W L A R Y H K A M C H O
Z O B K T G K T M L S E A
H R R E I I K T O A C E R
N M G L M E O N N M U U D
G S A M N O G N I H T O N
```

◊ ALMOND   ◊ GODDESS   ◊ QUAKE

◊ BOARD   ◊ GREEN   ◊ SALT OF THE

◊ BOUND   ◊ HEAVEN ON   ◊ SCIENCE

◊ BROWN   ◊ LIGHT   ◊ STATION

◊ CLOSET   ◊ MOTHER   ◊ TREMOR

◊ COST THE   ◊ NOTHING ON   ◊ WORMS

Marine Life

```
G E D A D U C Y H L F R E
L L P Y P E R C K C R Q V
L C S W H X C R E C N A M
A A W H A L E O P E A P Q
N N T N A N T R N X Q R S
G R K I R R O H U C Z H W
O A L H E M K T Z M H S Q
U B S P S W K M K A S I C
S F Z L R C O R G N O F S
T R V O O J U M U E A E E
E W T D H Y T L L M R L H
P Q D U A G C A S O E T P
L I M P E T Q R A N V T G
P K B E S V M O E E A U V
N O T I R T J C S H L C D
```

◊ ANEMONE   ◊ LANGOUSTE   ◊ SEA SLUG

◊ BARNACLE   ◊ LAVER   ◊ SEAHORSE

◊ CONCH   ◊ LIMPET   ◊ SHARK

◊ CORAL   ◊ MUREX   ◊ TRITON

◊ CUTTLEFISH   ◊ PIDDOCK   ◊ WHALE

◊ DOLPHIN   ◊ PLANKTON   ◊ WRACK

People in Uniform

```
D K U A M D Y B U T L E R
S G S E A N D N R S H M N
P J H C L M A D N E V Y N
B O E K O Q L M N A G K D
A I R S T E W A R D N E R
R E C E P T I O N I S T A
E D I U G D I A M J A D W
V M H X A D P R I V M W F
I P K R Q R J P B I F M T
R J R E D A E R R E T E M
D H O I A U M A E J T P N
J C W C E G L O T I I D U
H T H W K S F E R L E A R
G P Y E M E T K O K W W S
E T A O F F Y T P A Q N E
```

◊ ADMIRAL   ◊ GUARD   ◊ NURSE

◊ AIR STEWARD   ◊ GUIDE   ◊ PILOT

◊ AIRMAN   ◊ JOCKEY   ◊ PORTER

◊ BUTLER   ◊ MAID   ◊ PRIEST

◊ CHEF   ◊ METER READER   ◊ RECEPTIONIST

◊ DRIVER   ◊ NANNY   ◊ USHER

Classical Music Titles

```
N  I  Q  A  T  W  P  H  H  K  M  P  E
R  U  R  S  L  B  D  M  Z  E  L  T  U
A  K  R  A  S  O  A  I  R  E  B  I  Q
N  K  V  P  B  O  I  O  S  J  P  H  I
T  I  L  W  Y  C  I  P  T  R  K  I  T
N  N  N  H  O  C  R  K  A  Q  T  M  E
V  A  K  D  A  E  R  G  E  T  A  O  H
E  L  B  S  L  G  U  E  W  P  S  E  T
N  B  T  U  Q  E  J  N  Q  E  S  D  A
U  T  D  H  C  C  R  X  W  U  O  L  P
S  E  R  N  K  C  A  L  C  R  I  A  F
S  I  M  A  Q  G  O  L  M  I  V  E  Y
U  R  R  F  G  N  J  I  V  A  G  W  M
C  A  V  A  T  I  N  A  N  Q  I  O  P
C  K  I  M  P  Z  C  E  G  M  O  N  T
```

◊ BLANIK   ◊ NABUCCO   ◊ REQUIEM

◊ CAVATINA   ◊ NIMROD   ◊ SARKA

◊ EGMONT   ◊ PARIS   ◊ TAPIOLA

◊ EROICA   ◊ PATHETIQUE   ◊ TASSO

◊ IBERIA   ◊ PAVANE   ◊ TRAGIC

◊ LES PRELUDES   ◊ PRAGUE   ◊ VENUS

Varieties of Rose

```
Z E R A L I S T A P E R T
N P I E O A R C N T S W H
E W E S N B O U T A N D G
B J S A W J H N X U U R I
U Z H Q C T N E L O D I N
E O S Y I E T U R E Q B K
M Y N W E P A P R I K A T
E Y S I L C E C E J D B E
G T H E D A R K L A D Y L
S S R Q H E D D U A S B R
O Q M O V K R N N R H O A
M I L O N G A O A E O O C
S T L E Z O D M X C G M S
L I M B O E H M L U S E N
G E H L S C A U L N L R L
```

◊ BABY BOOMER ◊ LUXOR ◊ SCANDAL

◊ HONOR ◊ MILONGA ◊ SCARLET KNIGHT

◊ IDOLE ◊ MOHANA ◊ SEDONA

◊ LEGEND ◊ PAPRIKA ◊ ST SWITHUN

◊ LIMBO ◊ PEACE ◊ TEXAS

◊ LOVE ◊ PROUD ◊ THE DARK LADY

Words Ending X

```
C Y X E W A R E X X Y X V
G O K N R E X F O E B O H
N X D K Y Y X D W R R T W
P J F E M R O C H O E E Q
L X E G X H A X E X A D W
S E G G T G Y L R M D E X
L X N R T N X A O C B O T
A I O P O E F E X P O C E
X Y N D X X S G X A X R X
A W R U A R E T T X Z U H
E A O W X E D X A L U C G
S I R E M I X Y P T A I X
S A C S T Y X R B E R F T
E G E X P C O O L K Q I D
X K X O B R E T T E L X X
```

◊ BREADBOX   ◊ ESSEX   ◊ REMIX

◊ COAX   ◊ LARYNX   ◊ SARDONYX

◊ CODEX   ◊ LETTERBOX   ◊ SIOUX

◊ CRUCIFIX   ◊ LINUX   ◊ STYX

◊ DETOX   ◊ ORTHODOX   ◊ TESTATRIX

◊ EARWAX   ◊ ORYX   ◊ XEROX

130 Paris

```
S P P S O T O E M B J Q P
E V O C B D L D N E G U B
N O S N E M I O P I T K E
N S I Y T B O I U R E R G
E O A N V D G C I V R S O
C R R K M A E G A E R R J
N B A N L L H S T T L E B
I O M L E T H N A Q A Z D
V N E B B Y A T R R A C F
B N L A R N O O A K T O B
O E N C I P E L E U R S S
U K I O S E F A C U T E N
R U E S T H O N O R E J F
S B J T O K A U T E U I L
E G B I L L A N C O U R T
```

◊ AUTEUIL   ◊ LE MARAIS   ◊ RIGHT BANK

◊ BILLANCOURT   ◊ LOUVRE   ◊ RUE LEPIC

◊ BOURSE   ◊ METRO   ◊ RUE ST HONORE

◊ CAFES   ◊ NANTERRE   ◊ SEINE

◊ CATACOMBS   ◊ PIGALLE   ◊ SORBONNE

◊ LE BRISTOL   ◊ PONT DES ARTS   ◊ VINCENNES

The Nordic Region

```
H K S I C E L E N D F G C
A N R D D N A L T U J N S
G K E A R E Y K J A V I K
N L U G M O Q T O P T N A
A E P G R N J Y S X I R M
R K W A O E E F M O A E V
V I B O R G B D O U S H M
I N Q M L J N Z R Y S L L
K T L R Z V L O T Y L W O
I I T R A V A H R I N E H
N V M Z S N D X M W P Q N
G A R D N E D E W S A S R
S N E G A H N E P O C Y O
L O F O T E N O R V M I B
X G P T F W E T K S K K E
```

◊ BORNHOLM   ◊ JUTLAND   ◊ REYKJAVIK

◊ COPENHAGEN   ◊ LOFOTEN   ◊ SPITZBERGEN

◊ DENMARK   ◊ NARVIK   ◊ SWEDEN

◊ FJORDS   ◊ NORWAY   ◊ TROMSO

◊ HAVARTI   ◊ OSLO   ◊ VIBORG

◊ HERNING   ◊ RANDERS   ◊ VIKINGS

132

GREAT Start

```
G R E A S A N S K D M B E
N I R D E H N A S I A E N
O A S A K A U M D S O L D
E R C F A L L S I M S C R
H R O E L B T N R A F N A
E U T T E S N I A L P U W
A B T D C K W Z H S R S R
R Y V S D E H S A W N U O
T Q B F P U L B L A D K F
E E O S H E R E U M D C P
D Z D L T I X F B P K W A
S N O I T A T C E P X E E
H J O A V X G L N G N C L
P H I G L I N N U M B E R
Y N E O A C D B A R I T U
```

◊ BASIN   ◊ FALLS   ◊ NUMBER

◊ BRITAIN   ◊ GATSBY   ◊ PLAINS

◊ DISMAL SWAMP   ◊ HEARTED   ◊ SANHEDRIN

◊ DIVIDE   ◊ LAKES   ◊ SCOTT

◊ ELECTOR   ◊ LEAP FORWARD   ◊ UNCLE

◊ EXPECTATIONS   ◊ NEBULA   ◊ UNWASHED

Universities

```
A Z O G A R A Z A R N I D
E B H Y C N L B U C O L R
F H A C S S J V B O D H A
P L J P J Z R C R U N H V
E Y G R U B I E R F O G R
F Z O R Z N E D I E L R A
G Q I K E T N E W T B U H
Y C G W U A A Z S D Q B N
H S A I L P O R T O O N D
G E C E Z Z P O A X Q I N
E V R T I P R P F J H D J
N I A B N O I O A O E E I
E L U L N K R E K D J W H
V L D T Y D N I L B U D G
A E O C A A A I B S M A U
```

◊ DUBLIN ◊ LEIDEN ◊ SEVILLE

◊ EDINBURGH ◊ LEIPZIG ◊ TORONTO

◊ FREIBURG ◊ LONDON ◊ TWENTE

◊ GENEVA ◊ OXFORD ◊ YALE

◊ HARVARD ◊ PADUA ◊ ZARAGOZA

◊ IRELAND ◊ PORTO ◊ ZURICH

The Chronicles of Narnia

```
R Y L W C U N A L B Y Y R
F E X S G N R A H C G X M
P R I N C E C A S P I A N
S J S D Y J D K N E L E K
X V C P L R E I E A E Z C
Y R T N U O C U U G S E I
B B I S R T S F C G A U S
N Q W E F T C S F G N U S
O A I J A O L Q R I V K A
A U L C R E X Y O R A P L
S M E S W V P S O A R L C
U T I I A H I C N O D L U
A T S R O D T D W A R F U
S A A N A Y T H I R I Q D
V I S J X Z Y G T M C B I
```

◊ ANVARD

◊ ASLAN

◊ C S LEWIS

◊ CHARN

◊ CLASSIC

◊ COUNTRY

◊ DWARF

◊ EUSTACE

◊ GRYPHONS

◊ GUIDE

◊ JADIS

◊ MIRAZ

◊ OREIUS

◊ PRINCE CASPIAN

◊ ROONWIT

◊ SOLDIER

◊ SUSAN

◊ TISROC

Hotel

```
T O T M Y N E D R T N E Z
H A A B D A H M O C D D V
S D B H G S Y L O R W I A
M O L I H W B R M C C U Z
L R E O P A G S S A L G R
L E W Y L Z Z X R D L E S
K E G C E C I V R E S I W
R A O C S J E E G O Q N S
N N J P T R G E R E H S X
Y U I G Y I P T N B N R M
A A Y R S O V I N E N I L
D S T T R F O U R S T A R
N R E T S E N S C E L T U
V R E I L E D N A H C S Q
P R F A O T P E J V P U V
```

◊ BALCONY   ◊ LINEN   ◊ SAUNA

◊ CARVERY   ◊ LOBBY   ◊ SERVICE

◊ CHANDELIER   ◊ PORTER   ◊ SHOWER

◊ EN SUITE   ◊ REGISTER   ◊ STAIRS

◊ FOUR-STAR   ◊ RESORT   ◊ TABLE

◊ GUIDE   ◊ ROOMS   ◊ WELCOME

Double P

```
R I P P Z H U C O P P E R
A P S I Y H P P E F P L H
A P P T P M T F P P I P C
O P P R E S S O T I P P U
Y E P A B P P P P R T A Z
W P U E L A P P R P V Y Q
N E P P N A Z I K P L F N
A L A U Z D C S N H P E I
L A E P P A A H Y G P A L
P A P L P D B G I I P V E
O P P P B P P L E A P Y P
P P A P A C D A P P N L P
P A P Y I R N O P P O S E
Y L K O B N E P P N V N Z
E E P P I Y G L E P P E A
```

◊ APPALACHIAN ◊ FOPPISH ◊ STEPPING

◊ APPAREL ◊ LAPPING ◊ TOPPLE

◊ APPEAL ◊ OPPOSE ◊ UPPITY

◊ APPENDAGE ◊ OPPRESS ◊ YIPPEE

◊ APPLE ◊ POPPY ◊ ZEPPELIN

◊ COPPER ◊ PUPPY ◊ ZIPPY

Things with Buttons

```
F R M X C A M A R A R R J
Z I O W O F W E F E C A T
K L R T G B R M D W C C H
C L M E A W E N E K D A C
A E U Y A V E K E B I R T
L B D G Z L E T U R R E A
C R T E B S A L D J E M W
U O M X U X V R E A X A P
L O V O E Z Y N M U I C O
A D L E H E G F X M M G T
T B C A R D I G A N D C S
O D C A C C O R D I O N N
R E T U P M O C U V O N T
K C O L C M R A L A F G Z
C A L C U K C I T S Y O J
```

◊ ACCORDION   ◊ CARDIGAN   ◊ HAIRDRYER

◊ ALARM CLOCK   ◊ COMPUTER   ◊ JACKET

◊ BLENDER   ◊ DOORBELL   ◊ JOYSTICK

◊ BLOUSE   ◊ ELEVATOR   ◊ JUKEBOX

◊ CALCULATOR   ◊ FIRE ALARM   ◊ OVERCOAT

◊ CAMERA   ◊ FOOD MIXER   ◊ STOPWATCH

138   UK Parliament

```
T  O  R  A  T  N  E  M  D  N  E  M  A
O  L  E  R  A  S  I  A  R  S  D  H  G
A  G  E  M  E  M  B  E  R  S  U  E  M
T  T  E  G  D  U  B  O  U  I  M  I  H
C  O  M  M  I  T  T  E  E  I  B  R  U
U  U  O  E  M  S  E  K  T  T  L  E  S
Y  B  I  C  C  T  L  N  W  U  A  C  T
H  T  I  L  A  I  O  A  D  R  C  E  I
C  N  R  B  E  I  F  J  T  E  K  S  N
E  A  E  A  T  A  L  F  S  I  R  S  G
E  D  B  S  P  O  D  D  O  M  O  I  S
P  A  E  I  B  Z  R  E  Y  E  D  N  L
S  U  A  B  N  O  V  B  R  R  M  O  A
Q  Q  Y  E  L  E  E  C  G  P  J  O  E
J  U  I  N  D  E  T  R  E  N  A  S  H
```

◊ AMENDMENT   ◊ HOME OFFICE   ◊ MEMBERS

◊ BLACK ROD   ◊ HUSTINGS   ◊ PARTY

◊ BUDGET   ◊ LEADER   ◊ PREMIER

◊ CABINET   ◊ LEGISLATION   ◊ QUESTION TIME

◊ COMMITTEE   ◊ LOBBY   ◊ RECESS

◊ DEBATE   ◊ LORDS   ◊ SPEECH

Ice Hockey Terms

```
C S O R T P G E Y S L A T
A T E P O N U A E K K K U
R T Z I I G W L C A I K O
E G N D A A T K D T C B K
H T L E K S X G M E E T C
S O L A I P O P H S T T O
H C E H Q A B C K P S V L
O R W F L I Y U J I U C P
B S D I V D T Y S F A C P
R E E O O R L S E R O F K
C V E B I X A E R S P E K
G O C M F R N I G W R E B
I L N A M S E N I L U E H
V G T O P R P P G X S D J
T I A F Y C O R N E R S E
```

◊ ASSIST

◊ BODY-CHECK

◊ BREAKAWAY

◊ CARRIER

◊ CORNERS

◊ GLOVES

◊ GOALIE

◊ HOLDING

◊ JERSEY

◊ LEAGUE

◊ LINESMAN

◊ LOCKOUT

◊ PENALTY BOX

◊ PERIOD

◊ POINTS

◊ PUCK

◊ SKATES

◊ WHISTLE

Harry Potter

```
H B L M S T R A K R A D S
H A N N A H A B B O T T O
N S G B P O R E W A M K Y
A U C R K H Y Y Q U D E E
M M U A I O U Q N U Z N B
N V S J B D W G F N O H H
Q M K L U B O H E T Q B E
H B R U T S E R S F A O R
Y R W G L Z I R U H G G B
B A R U F F I O S O N R O
B D S A B D O Y I K I O L
O L K O O M V B C E L D O
D E N M U G G L E Y W M G
Q Y O D G O B L I N O I Y
G S T K S L Y T H E R I N
```

◊ BARUFFIO
◊ BOGROD
◊ BRADLEY
◊ DARK ARTS
◊ DOBBY
◊ FIRENZE

◊ GOBLIN
◊ HAGRID
◊ HANNAH ABBOTT
◊ HERBOLOGY
◊ HOKEY
◊ MUGGLE

◊ ROWLING
◊ SCABBERS
◊ SLYTHERIN
◊ ST MUNGO'S
◊ STONE
◊ TONKS

Dickens Characters

```
B E E T I W U R E C A N E
I V L P E T M E A G L E S
F T G D M E S I A B N T M
F D N C R A N T T U Y E A
I E I D U A R M N Y C L K
S T J R D U W K M O N L E
P I D G S E L O H V A I L
K I E H F A T S U A N W T
A T R U C A D F E L M N O
T S F R R T F A E M I H O
E L L T I I I W C G O O T
L A A A N P S W A L E J S
B R N T H O C F G N A I H
A Z T F M U E Y H A L R B
H P J E D E S M N D M N E
```

◊ ADA CLARE   ◊ MAGWITCH   ◊ TARTAR

◊ ALFRED JINGLE   ◊ MARKHAM   ◊ TINY TIM

◊ FAGIN   ◊ NADGETT   ◊ TOOTS

◊ JOHN WILLET   ◊ NANCY   ◊ VHOLES

◊ KENGE   ◊ PET MEAGLES   ◊ VUFFIN

◊ LEWSOME   ◊ PIRRIP   ◊ WARDLE

Wet

```
Y P P A S S K Y E R W G V
P P A R T L O D H A O N E
P R E P N S Y D S D O I A
O E S A T L R U D A Z H U
L A A I Z O J M U E I S D
S R C Z W W D A J N N U B
G K I N P E A R S O G G Y
Y R E H Y D W S U S W E M
D D B A E O N H H M L T H
W M R E M U Y Y N E V E A
T P B S D S O A K E D E E
S S I M M E R S E D A M B
K D I M K D W L A D B I A
B A X O Q S O E Y W R N N
R U I U M E J R D G E G Y
```

◊ BEDEWED   ◊ MARSHY   ◊ SODDEN

◊ DOUSED   ◊ MOIST   ◊ SOGGY

◊ DRIZZLY   ◊ MUDDY   ◊ SPRAYED

◊ DROWNED   ◊ OOZING   ◊ STICKY

◊ GUSHING   ◊ SLOPPY   ◊ TEEMING

◊ IMMERSED   ◊ SOAKED   ◊ WASHED

Having Numbers

```
A  L  P  F  D  I  P  P  N  H  N  N  D
S  C  I  R  E  B  R  S  I  G  N  J  R
A  U  E  Z  C  I  R  W  R  A  C  I  A
H  E  U  L  C  E  W  A  T  C  H  E  O
Q  O  O  E  T  R  C  E  P  A  S  N  B
F  C  T  P  E  I  O  L  P  R  G  R  Y
K  A  A  E  N  X  O  B  O  P  E  U  E
G  H  R  G  L  R  I  H  E  R  R  T  K
C  T  C  E  S  R  E  D  P  A  G  E  S
P  A  N  G  U  C  O  C  V  E  P  R  F
R  Q  U  L  A  M  A  O  E  M  J  X  L
E  H  E  R  E  U  A  L  M  I  G  A  I
N  R  V  T  W  Y  G  B  E  S  P  T  G
U  N  E  S  C  P  V  E  R  S  V  T  H
M  R  D  A  P  Y  E  K  E  R  A  Y  T
```

- ◊ CHAPTERS
- ◊ CLOCK
- ◊ FLIGHT
- ◊ GAUGE
- ◊ HOTEL ROOMS
- ◊ KEYBOARD
- ◊ KEYPAD
- ◊ PAGES
- ◊ PEDOMETER
- ◊ PO BOX
- ◊ PRICE TAG
- ◊ RACEHORSE
- ◊ RACING CAR
- ◊ RECEIPT
- ◊ RULER
- ◊ SCALES
- ◊ TAX RETURN
- ◊ WATCH

In the Office

```
S R W S A R L U G Z R O D
R O E G D K E X G E A R K
I S L N T R J S G W E U E
A E P I N R A A A K J T K
H U R T Z A N O A R R U R
C G I E L A C M B A E R S
E A N E M L E S H Y E N R
V E T M X E L C B L E E E
Z L E V F I L P P P T K T
D L R F C L E A T U W G T
I O O N A O T A P H A O E
A C E W S S P M E E R A L
R P Y R E N O I T A T S T
Y Z Y Z Y C A L E N D A R
W V I K G U U T B R M E P
```

◊ CALENDAR   ◊ DIARY   ◊ PENCILS

◊ CHAIRS   ◊ ERASER   ◊ PRINTER

◊ COFFEE MAKER ◊ KEYBOARD   ◊ SCANNER

◊ COLLEAGUES   ◊ LETTERS   ◊ STAPLER

◊ COMPUTER   ◊ MANAGER   ◊ STATIONERY

◊ COPIER   ◊ MEETINGS   ◊ WALLCHART

BLACK Words

```
G  M  H  I  Y  L  R  M  S  U  I  G  A
V  A  B  Y  N  M  Q  O  N  K  C  R  Z
V  N  M  M  R  O  S  A  D  V  M  O  Y
A  D  V  E  G  N  T  N  N  W  O  U  U
S  B  D  V  R  D  E  D  J  Q  G  S  D
E  L  N  A  N  A  M  W  V  U  L  E  K
E  U  L  A  E  Y  W  H  A  A  J  F  M
K  E  Z  I  K  L  I  I  Y  H  E  D  N
W  V  M  E  H  C  D  T  N  B  S  J  Y
A  I  M  G  W  B  O  E  V  O  H  R  H
H  L  J  F  K  O  W  L  P  I  R  T  K
M  O  J  C  M  A  O  P  M  E  A  S  M
S  Q  U  I  R  R  E  L  H  E  R  P  H
T  W  R  J  I  D  K  C  D  D  H  O  S
V  J  W  T  V  Z  K  S  H  I  R  T  P
```

◊ AND BLUE   ◊ ELDER   ◊ MONDAY

◊ AND TAN   ◊ GROUSE   ◊ OLIVE

◊ AND WHITE   ◊ HAWK   ◊ SHIRT

◊ BOARD   ◊ HEMLOCK   ◊ SPOT

◊ CHERRY   ◊ HILLS   ◊ SQUIRREL

◊ DEATH   ◊ LEAD   ◊ WIDOW

Animals' Homes

```
L O F V E S P I A R Y A E
D M Y Q E Y J R E O S T G
O O C T L E N N U T E M D
H U T C H O E O A H K U O
E N N B V S H L H Z E I L
T D P C M T L B D W N R R
O C S K Y U F F I S N A L
C N T Z Y F I V R V E U N
E Z S S O R I R S G L Q R
V C H T E V Y B A R H A Z
O I O H A N R V C R T S F
D Z O R R A I O W Q R E Y
N L I D P A Y K O J A E R
T U T J R F Y N U S E B T
M V Z Y E R D N F Y T K H
```

◊ AQUARIUM   ◊ HUTCH   ◊ SETT

◊ AVIARY   ◊ KENNEL   ◊ STALL

◊ DOVECOTE   ◊ LODGE   ◊ TERRARIUM

◊ DREY   ◊ MOUND   ◊ TUNNEL

◊ EARTH   ◊ NEST   ◊ VESPIARY

◊ HOLT   ◊ ROOST   ◊ VIVARIUM

Sheep Breeds

```
P W U T O I V E H C C L S
F Z S K R Z B O D C O E I
G Q F Y S E Z N N H L X A
M O G K Q T A L B A U E L
L J S W C L C O R R M T L
A V Y A T U C R G M B O O
I Y W O H A A M O O I F R
A C G C J M A S A I A R A
D L O W S T O C W S X S H
N F Y L O H I O C E U L C
J I T L B L A C K F A C E
A S A E P R L L F Y F R D
I F I Y N V E O Q P N F K
R O M N E Y L D O R P E R
L A U T L K F F N C J Q O
```

◊ BLACKFACE   ◊ COTSWOLD   ◊ ROMANOV

◊ CHARMOISE   ◊ DORPER   ◊ ROMNEY

◊ CHAROLLAIS   ◊ GOTLAND   ◊ RYGJA

◊ CHEVIOT   ◊ JACOB   ◊ ST CROIX

◊ COLBRED   ◊ LLEYN   ◊ SUFFOLK

◊ COLUMBIA   ◊ MASAI   ◊ TEXEL

Costume Party

```
N A M T A B P G R E D A G
S A I T O R E R O L I A S
B E S R U N I A P E B L V
I E L V I S P R E S L E Y
T Q J E Z O M B I E A R M
M U M G C S I W C O Y C M
A L R F N G O V I Z B R U
N M I K F O U R S Z S L M
L R S O E V T Y O P A A T
E F O C C Y G E O B F R V
G T A S Y P F C L M O O D
N H Y L F A K F L E N T E
A L P O I G K L L O K C C
G W O R C E R A C S W S Y
W I Y K B Q N H L W Z N R
```

◊ ALIEN
◊ ANGEL
◊ BATMAN
◊ BIGFOOT
◊ CLOWN
◊ ELVIS PRESLEY

◊ FAIRY
◊ GENIE
◊ MR SPOCK
◊ MUMMY
◊ NURSE
◊ ROBOT

◊ SAILOR
◊ SCARECROW
◊ SKELETON
◊ TURKEY
◊ WIZARD
◊ ZOMBIE

Double S

```
S V S C V K C P H L M U V
M E A S V U R E E R V C E
N B S S A G O O L C W S Z
H O J S S P C G G R S F E
S C I M A A Y R B O W U P
S V N S W L L B P R R S R
O L D Z S T G K B E K S E
R I U A F E Y S T M F Y N
C S A F L E R E N I S O S
A S S P S E S P A S S A A
C O S M E S S Y M S E U M
O F I J U S I S E I C B T
V J G G O I C L E E E B C
T K N L D D I O B V R W J
F U F V B R A S S Y C T H
```

◊ ACROSS   ◊ FOSSIL   ◊ MESSY

◊ ASSIGN   ◊ FUSSY   ◊ POSSE

◊ BLISSFUL   ◊ GLASSES   ◊ RECESS

◊ BRASSY   ◊ GUSSET   ◊ REMISS

◊ BYPASS   ◊ IMPRESSION ◊ VASSAL

◊ FLOSS   ◊ LESSON   ◊ VESSEL

150   # Things With Strings

```
T L C S A K I A L A L A B
E W L V I O L I N K N V E
K I E B N Y J P I N A T A
C T M A R I O N E T T E N
A M I L E Y R S A F L H S
R P E L D D I F I B U S U
S H L O D Z G S A R E P P
I H N O Q I H K D M L B P
N C N N F I Q Y I U H P O
N O M T N D G H M R T W R
E S T G G U C B A N D S T
T A R R R D B T P U R S E
G O M D N O I D O B W Z U
D D Y I B U B E A D D Z S
D Z W Z G J M P U P P E T
```

◊ BALALAIKA   ◊ GIFT TAG   ◊ PLUMB BOB

◊ BALLOON   ◊ GUITAR   ◊ PUPPET

◊ BANJO   ◊ HURDY-GURDY   ◊ PURSE

◊ BEAN SUPPORT   ◊ MARIONETTE   ◊ TENNIS RACKET

◊ FIDDLE   ◊ PIANO   ◊ VIOLIN

◊ FISHING ROD   ◊ PINATA   ◊ WIND CHIMES

Writing

```
E N V E L O V E S S R O P
C A M M O C O O A E L E E
N U R H E P M I T V N D R
A E B J E E R T K C I V A
T E I N M M E E I C W G M
P Y E C A L C L T F N Y M
E R P I G N R A U I B W A
C G L E A G T E D E U I R
C G F T W I N A C O R L G
A G S N O R E I T E A R E
E I S N B H I A K B I H G
D N O I T A U T C N U P T
G N I D A E R P E I A E T
E F A N A D H U P R X R F
U A E T A F E L T T I P F
```

◊ ACCEPTANCE   ◊ FRANKING   ◊ PENCIL

◊ AIRMAIL   ◊ GRAMMAR   ◊ PUNCTUATION

◊ COMMA   ◊ HEADING   ◊ READING

◊ DICTATION   ◊ LETTER   ◊ RECEIPT

◊ DISTANCE   ◊ MEMOS   ◊ TEXT

◊ FELT TIP   ◊ OPENER   ◊ TYPEWRITER

ALL Words

```
T F P L P S W O L L A H A
Y N Y A J T U K Q G A O T
T T G Y R E S T E D D Q B
H C B N Y T G F M D B K K
G T O B Z R Y K L L A N I
I E T S E B E H T R H H S
R D V T R T E H C E N Y J
S S P I C E E B O H S D I
R T S B S W E G M T T N A
U R R K A U G T E A H U D
O O U Y V F L M R E G O J
F S O I Z B S C S W I R E
J D Y Y A G J C N E N A D
N I L D O W R G N I E E S
E Z V S O U L S D A Y Y V
```

◊ AROUND   ◊ NIGHT   ◊ SPICE

◊ COMERS   ◊ PARTY   ◊ SYSTEMS GO

◊ FOURS   ◊ RIGHT   ◊ THE BEST

◊ HALLOWS   ◊ SEEING   ◊ THE WAY

◊ IN ALL   ◊ SORTS   ◊ WEATHER

◊ INCLUSIVE   ◊ SOULS' DAY   ◊ YOURS

SET Inside

```
T C P A R T E S U O M A S
S E T B L T S E V C E R E
T E S R O D U T L M S T T
E S C D E T N O P U T E S
Y E J I Y T S F T S T A I
T T E N L E T F J E E S E
E S E N T C H E S S S E T
S K N E S S E T S E U T S
E F Y R C S S E T E H S E
G S A S T M I E K E C S T
A U E E E S E T L B A A A
T H S T B S E T L F S S P
S T Z S T A T E S A S E A
E S T U E E Z L S E A T R
S E T H S T E T E S M E T
```

◊ CHESS SET   ◊ MASSACHUSETTS   ◊ SET UPON

◊ CLOSET   ◊ MOUSETRAP   ◊ SETTEE

◊ DINNER SET   ◊ PACESETTER   ◊ SETTLE

◊ DORSET   ◊ SET APART   ◊ STAGE SET

◊ GUSSET   ◊ SET OFF   ◊ TEA SETS

◊ KNESSET   ◊ SET OUT   ◊ TSETSE

Clouds

```
I U S G N I W O L L I B P
T Q X G A P C I R R U S I
M H F C R W V I R G A Q D
A R U C O N V E C T I O N
E C O N T R A I L S E R T
R H S L D L D K Z W U O L
T E F B F E D V I A L G C
S T P W J M R S L E I R Y
T I I I E S P U V X A A C
E H R H L Y E S B D T P L
J W G A U E B G T U S H O
S J C A I M U A H O E I N
S S G N D N Y S M V R C I
S U L U M U C O T L A M C
U Y F F U L F Y N P M M Q
```

◊ ALTOCUMULUS   ◊ FLUFFY   ◊ SNOW

◊ BILLOWING   ◊ JET STREAM   ◊ STORM

◊ CIRRUS   ◊ MARE'S TAIL   ◊ THUNDER

◊ CONTRAILS   ◊ OROGRAPHIC   ◊ VIRGA

◊ CONVECTION   ◊ PILEUS   ◊ WHITE

◊ CYCLONIC   ◊ RAIN   ◊ WISPY

Artists

```
S  E  I  C  E  W  U  R  T  N  D  M  N
T  E  R  O  O  M  B  Y  X  R  U  L  I
O  I  B  R  A  W  N  A  B  N  R  E  E
L  B  N  O  Q  Q  J  A  N  A  E  W  T
E  Y  Z  T  F  J  C  A  M  K  R  F  S
G  P  P  E  O  O  M  I  N  A  S  Y  P
N  B  G  H  N  R  E  D  L  I  N  Y  E
A  L  A  J  E  I  E  P  E  C  O  Z  H
L  R  E  B  E  C  L  T  I  A  L  D  U
E  N  I  S  G  D  R  O  T  D  A  B  V
H  L  Z  C  U  I  E  G  T  O  N  O  T
C  X  O  F  I  L  M  M  M  N  J  F  G
I  N  H  W  Q  F  L  E  U  Q  A  R  B
M  L  D  W  R  T  I  Y  E  P  L  O  F
A  M  B  E  S  Y  K  N  W  O  R  B  L
```

◊ ANTOLINEZ   ◊ COROT   ◊ MICHELANGELO

◊ BACON   ◊ DURER   ◊ MOORE

◊ BANKSY   ◊ EPSTEIN   ◊ NOLAN

◊ BARYE   ◊ LIBERMANN   ◊ REDLIN

◊ BRAQUE   ◊ LOWRY   ◊ SULLY

◊ BROWN   ◊ MANZU   ◊ TINTORETTO

Music Types

```
M L E N I M A S I O L G I
R A G T I M E J D E P N I
G C N E R U G D A N C E O
J I I I O M N T E I D N I
K S W L E M E K D I B C T
E S S A L S A E S N N R A
L A T E M U N C Y E Y K T
G L E L K T O Y W N C C A
N C B B A K U W M O I B T
U G H L G L A M R O C K N
J R E U Q V P D H W W O A
F U L E E Z R D U A N I C
Q N B S L A L W L E B Z P
L G I L H E B T T W J Q K
O E Y H G V Z E C A N T A
```

◊ BLUES

◊ CANTATA

◊ CLASSICAL

◊ DANCE

◊ DISCO

◊ GLAM ROCK

◊ GRUNGE

◊ HARD ROCK

◊ INCIDENTAL

◊ INDIE

◊ JUNGLE

◊ NEW WAVE

◊ NONET

◊ NU-METAL

◊ RAGTIME

◊ SALSA

◊ SWING

◊ WALTZ

Hairstyles

```
P C E L G N I H S X D O W
U O C Q B A P L I A T Y S
H W M R I N O N G I H C N
O L A P Z M U L L E T S O
W I W N A C I H O M S N I
D C T U H D E S N B B R S
B K K R E V O B M O C U N
E V A E W T Z U X H C B E
E O D T I D M Z R N O E T
H F Q A O Y E O H U Y D X
I Q L Y C N T L F T G I E
V P B S X N S F R F Z S E
E V X A W N A U R U I D H
L I A T Y N O P R R C U U
T K H D T M J S J E T B Q
```

◊ BEEHIVE   ◊ CURLED   ◊ PONYTAIL

◊ BOUFFANT   ◊ EXTENSIONS   ◊ QUIFF

◊ BRAID   ◊ MOHICAN   ◊ SHINGLE

◊ CHIGNON   ◊ MULLET   ◊ SIDEBURNS

◊ COMB OVER   ◊ PLAIT   ◊ TONSURE

◊ COWLICK   ◊ POMPADOUR   ◊ WEAVE

Sculpting Materials

```
A T S E N O T S D N A S E
R H S A B L R O L I S E M
E A A L U R A H M A R U E
E V R A E I G T L V T Y R
L M B B O N Y G E L G E E
B A M A R C Y N A M T N H
R A A S E Y O S L S V O C
A B M T B E A P A Z E T A
M L V E M B T L P T Y S M
E L B R U K P I E E D E R
N G F R Y V R R N Q R M E
G V D R O O C O O A M I I
Y F O E N N N A N H R L P
S V J R O T Z E I Y Y G A
I R M C Y I Z E R C X T P
```

◊ ALABASTER   ◊ COPPER   ◊ MARBLE

◊ AMBER   ◊ GLASS   ◊ METAL

◊ BASALT   ◊ GRANITE   ◊ ONYX

◊ BRASS   ◊ IRON   ◊ PAPIER MACHE

◊ BRONZE   ◊ IVORY   ◊ PLASTER

◊ CONCRETE   ◊ LIMESTONE   ◊ SANDSTONE

Pokemon Characters

```
R Q L K C U D Y S P T C A
T U B K C A L H V G A L N
O E S T A R M I E R L E I
G A W I L O P P T O S F R
T S G C I D K I B W E A O
J O F R K S C E M L T B D
R D F Q A U G P D I F L I
A A U T N L D E P T I E N
T R P O Y H E U B H W E V
T A Y I V W V G G E D S H
A Y L Q D H A U N T E R A
T G G C H A R I Z A R D U
A O G P E R S I A N T I C
F U I A H J B H F E F W O
C Q J E R H T W O E M S G
```

◊ ARTICUNO   ◊ HAUNTER   ◊ PSYDUCK

◊ CHARIZARD   ◊ JIGGLYPUFF   ◊ RAPIDASH

◊ CLEFABLE   ◊ MEOWTH   ◊ RATTATA

◊ DUGTRIO   ◊ NIDORINA   ◊ STARMIE

◊ GROWLITHE   ◊ PERSIAN   ◊ TANGELA

◊ GYARADOS   ◊ POLIWAG   ◊ WEEDLE

160 Backing Groups

```
D N A B E N I H S N U S G
E S R F A E R U M O U R U
A R S S T E E L C U R C E
S E O D W S M O M A S E O
W L Z F G A M W S N A S S
O I A N H E L R A E L A N
D A I I T F E T F V L D O
A W E S B D W U U D E D S
H E S T I M R E H O D S A
S V D A G I I E N M N Q E
F I R E B A L L S I A Z S
G H F C M S B S C N V T R
B N E W S K P W R O S W U
S T A R L I G H T E R S O
X Q S G P R U C O S R E F
```

◊ COMETS   ◊ NEWS   ◊ STARLIGHTERS

◊ DOMINOES   ◊ OUTLAWS   ◊ SUNSHINE BAND

◊ FIREBALLS   ◊ PIPS   ◊ VANDELLAS

◊ FOUR SEASONS   ◊ RAIDERS   ◊ WAILERS

◊ GANG   ◊ RUMOUR   ◊ WAVES

◊ HERMITS   ◊ SHADOWS   ◊ WINGS

Making Movies

```
S  O  I  D  U  T  S  Z  J  H  A  Q  Y
N  A  M  S  P  O  R  P  E  N  K  R  O
K  Q  R  M  R  R  S  X  I  D  N  N  B
W  T  O  H  E  A  T  M  N  Z  A  S  R
K  R  E  M  D  R  A  A  F  I  C  S  E
P  A  B  G  A  T  M  R  C  E  R  A  P
K  I  Q  S  O  E  R  I  N  O  V  R  P
K  L  G  R  L  E  R  I  T  B  O  U  A
Z  E  M  B  S  T  C  C  E  D  I  C  L
M  R  A  N  C  A  A  S  U  S  U  H  C
J  C  F  E  R  O  T  C  C  T  P  Z  C
E  O  L  T  H  B  E  S  T  H  G  I  L
B  E  I  D  O  R  R  E  W  Y  A  U  Y
V  S  U  Y  T  S  R  M  A  K  E  U  P
T  P  I  R  G  Y  E  K  Y  G  R  I  P
```

◊ ACTORS	◊ ELECTRICIAN	◊ PRODUCER
◊ ANIMATOR	◊ EXTRAS	◊ PROMPT
◊ BEST BOY	◊ KEY GRIP	◊ PROPS MAN
◊ CABLE MAN	◊ LIGHTS	◊ SCENIC ARTIST
◊ CLAPPER BOY	◊ LOADER	◊ STUDIOS
◊ CUTTER	◊ MAKEUP	◊ TRAILER

161

WHITE Words

```
C E D A I L U M R A D E C
I I F L I G H T N I N G B
J P M O O R B H T L F L E
N N D N S G G N P E S K T
A W V K N A A F S R A K E
I Q U W Q H M I N K T T E
S Q V M P J O T F S I H H
S K Y E C N H L S W N Y S
U M L Y W I O V E I W J A
R E Z U S U G A R F R S S
N U C T R Q W A T E R H A
A Y L Q K R T W K T P G C
V E G E S U O H Q R Y A B
Y M P F S A R S E N I C P
E Y R A L L I T I R F Y P
```

◊ ARSENIC   ◊ FLOUR   ◊ PAPER

◊ AS A SHEET   ◊ FRITILLARY   ◊ RUSSIAN

◊ BROOM   ◊ GOLD   ◊ SATIN

◊ CEDAR   ◊ HOUSE   ◊ SUGAR

◊ CHRISTMAS   ◊ LIGHTNING   ◊ THISTLE

◊ ELEPHANT   ◊ NOISE   ◊ WATER

```
D E N D R E T S E H C V O
G A C E D N O R W A C H E
S I D R E R N O R W I C H
R T W B X Q O E A C A B U
E D O Y E Y T F H D A R O
D S A K T S N T X Y S B P
E R X B E N U E R O L R N
L J O C R O O T E I I I D
S B I F M I N D K I N G R
I E U Y E E S T N V C H O
L D L S V R E T R O O T F
R P E O O X E U O E L O L
A R C S E P M H M L N N A
C X O N E S N A B L A T S
H A L I F A M M A H R U D
```

◊ BRIGHTON   ◊ DURHAM   ◊ NORWICH

◊ BRISTOL   ◊ EXETER   ◊ OXFORD

◊ CARLISLE   ◊ HEREFORD   ◊ PLYMOUTH

◊ CHESTER   ◊ LEICESTER   ◊ SALFORD

◊ COVENTRY   ◊ LINCOLN   ◊ ST ALBANS

◊ DERBY   ◊ LONDON   ◊ STOKE-ON-TRENT

Chess

```
G U H G Y R W H T R O H S
N X R I F V O E E M A M S
I R A U G I V O Z T S A V
K O S O Y C S O K R I K U
N T D C K L H C T J I H Y
O T S O A E O A H N O U W
I E U P M P V P M E B E A
T H T I A A A A E P R K E
A C R A J S R B T Z I J T
N N I N E K S G L T K O D
I A H O Q B G K R A A Z N
M I S U L O D T Y A N C S
O F E A V X N E E U Q C K
D A C X W U M A N A G B A
E K H C P P C A P T U R E
```

◊ ATTACK

◊ BLACK

◊ BOX UP

◊ CAPABLANCA

◊ CAPTURE

◊ CHAMPION

◊ DOMINATION

◊ FIANCHETTO

◊ FISCHER

◊ GIUOCO PIANO

◊ KING

◊ KRAMNIK

◊ QUEEN

◊ ROOK

◊ RUY LOPEZ

◊ SHORT

◊ SPASSKY

◊ WHITE

Helicopters

```
E R S X M V R G N D U E A
C O V A H E E R S V A L A
B H R L G E O W M Q F L M
Y I I I R O Q U O I S E U
J O T N S E A H A W K Z P
V G F W O S H Y L T E A E
X N Y L K O S C T N G G T
B A Z S E A K I N G E D K
H R A P A C H E B A N E H
U A G U S T A O S E M A S
G C H B G E E B K D T O H
H O Y J P I O L J U M V C
E B M Z N T S T R M M Y R
S R N G H N I L R E M Q P
I A W T C F L A B M J I R
```

◊ AGUSTA   ◊ COMANCHE   ◊ LYNX

◊ APACHE   ◊ GAZELLE   ◊ MERLIN

◊ ASBOTH   ◊ HAVOC   ◊ PUMA

◊ BOEING   ◊ HOKUM   ◊ SEA KING

◊ CHINOOK   ◊ HUGHES   ◊ SEAHAWK

◊ COBRA   ◊ IROQUOIS   ◊ TIGER

TV

```
J R E C L P C R T E L Y P
L E V A R T D A M R H T K
A F E O L P U A O E O P N
Z I U Q S R U D T L H P N
E C C O X D A A S R A T S
W D A O I P H S O H G U C
S P B E M G S H G Y B E R
S M N O Y E R F G L W T E
G C L H N X D E D M I E E
E H A I J M O Y H S I V N
J J S M F W E M T T T T E
T U S D E E N U P M A F N
B C A M A R D S G B T E E
E M I R C I A I Y E B E W
L A I J O G Y C P E K L S
```

◊ AUDIENCE   ◊ FILMS   ◊ SOAPS

◊ BUSINESS   ◊ LIVE   ◊ SPORT

◊ CAMERA   ◊ MUSIC   ◊ STARS

◊ COMEDY   ◊ NEWS   ◊ STUDIO

◊ CRIME   ◊ QUIZ   ◊ TRAVEL

◊ DRAMA   ◊ SCREEN   ◊ WEATHER

Clocks

```
W J E L E N T A I C W T S
Z I N C H T Y R T A C L L
Y T N A A D D I T H H A T
W E N D J F M E I C R E C
W D K R E E R M V O H B I
S B S L P R E F L C E L R
U R B I W S F F T E C G T
X A E S U C L A B L J T C
T C G P I P R A E P U R E
E K H M I W E P R H J T L
N E O G T L S R A E E M E
H T D C E Y L S O R M M C
A T B E D E W A R Z E U N
S S A R B H O U R S C A N
W F A K M E T S Q S J P A
```

◊ ATOMIC

◊ BRACKET

◊ BRASS

◊ CHIMES

◊ CLEPSYDRA

◊ ELECTRIC

◊ FACE

◊ FLORAL

◊ HANDS

◊ HOURS

◊ NUMERALS

◊ PILLARS

◊ RATCHET

◊ TABLE

◊ TIMEPIECE

◊ TURRET

◊ WATER

◊ WINDER

SOLUTIONS

1

2

3

4

5

6
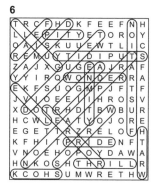

7

8

SOLUTIONS

9

10

11

12

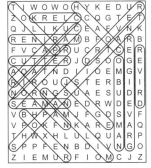

13

14

15

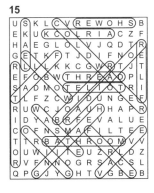

16

SOLUTIONS

17

18

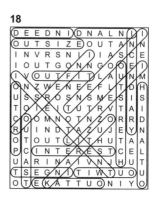

19

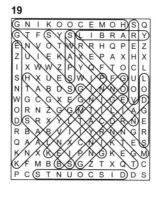

20

21

22

23

24

SOLUTIONS

25

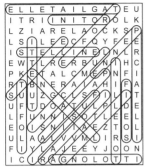

26

27

28

29

30

31

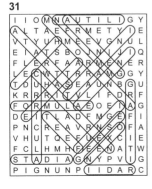

32

SOLUTIONS

33

```
K A R I K R D K E R A H K
L E N R E K I E D F O A E
E O N K I N J M T N R F U
P K O P E K N H H L E R K
T K E K O A R A K S I G A
O R C D E K A D Y V A K K
M U R E H S I F G N I K U
A G U K R K K M Q D E P R
N E V E S I K C O G G K D
I R O K I T C H E N O I I
A R R A G K L D I M O K S
M A G H E L F S O N N O T
E N U T I S D E I Z A A N
K D C R C I O B F A B L N
E H K I K K H E M K G A D
```

34

```
O E W L R F A T C L B Y K
C C I V A L S I A S T C Q
H G E N E S D R A E O R C
N D S A E T O Q I L L F C
H T R Y N N T X C Q J A M
N S Y I S N A I L A T I T
A A E A F A H A N S I H K
G J P E F N C L D Y P E C
R N M O L I Z A R L E H N
O D E Z T T D A T T I E N
F G D L D S T H R I T N O
A T E A B I A A Q K I A V
O C R S L Z G W B N T S A
S E G I C I C H O R A L L
D E M A C I T R A T N A S
```

35

```
D Q M D T L B W O W A G Z
H A R A S N A S S M A U Q
I H J E R A B U R I A H
N Q R O N T E I D L M K B
M C Z D M A H R L C W K C
Z I R U H A S A D F Q J W
P E X C Y N H D E A M R Y
W E C A R G T E B U L N A
V A T H B T A M O J J S J
Z L L E A H B L R C G U D
M U L E R R E V A S R F N
H U I F A X I G H Y H Q
R L D L N R Y A C O O A T
D O H A I A S I H J E B U
J U D C A A S I Z S K W Z
```

36

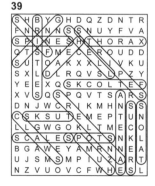

```
P A R T O R A P A N D U A
E K C I R E T T A C P W K
W F E W R V O N Z M I K C
Y N M E V A O H A N J S B
E C W Z N T M H X Y N T A
L N V O X E C L L E M R T
L E W O T G I M E Y A I I
A W F R N S E A S D W M N
V B H O Y A O O N I A O A
Y U L A E A R R K D L R A
P R U O N E W M A R K E T
P Y R X Y S Z L V P A O N
A D N K N H A A R O S A I
H A E L A I H I T G F E S
I R G I S B O R N E U Q L
```

37

```
S L K O C T T Y C N E U H
N I X N H O J G N I K P U
A R R O W S W O R D S M N
I G O G L Y S D K T N E I
R R B H U P E C P Y C R I
A E T F N Y U G T S E R N
M D H N Z T F I R S V Y G
D O E O R N R W G A M W E
I O R A D A B Y A O T E N
A W I R H Q G K B L Q N N
M R C C D L Z G A E T S A
F E H H X O N C L G Q U M
Y H F E P O S S L E U S O
K S O R L Q V K A N L Q R
I Z F Y C B S L D D N D W
```

38

```
N L O W P R E S S U R E Y
O M R A T S A S L A P S R
I W T D I C P P S Z G E
T A A E A C W U N N X T
A N O L F L L D I G A
T D C U E A K O T D N S E
I C R G F L E L U I L G H
P H E E L R E L M O R E
I E V I T P E N N L M J
C A O G N J E U O N G O N
E T N G E I A P D A G M I
R E U O R D N C A Q R F W
P R H D R W N U K Q U H M
A P L V O A B Y T E Q Z F
R S V D I K S W E T L B
```

39

```
S H B Y G H D Q Z D N T R
F N R N N S S N U Y F V A
S P I N E S H T H O R A X
O T S F M E C E R O U D D
S U T O A K X X L V K U
S X L D L R Q V S L P Z Y
Y E E X Q S K C O L T E F
X V S Q S P Q V T S A R S
D N J W C R K M H N S O
C S K S U T E M E P T U N
L L G W G O K L T M E C O
S C A L E S S P O T S N K L
B G A W E Y A M R N N E
U J S M S M P I U Z A R T
N Z V U O V C F W H E S L
```

40

```
H C F O D U V S L K R F T
Z A G N I V I D S G V N U
D R M K E N I K C R O F G
I D N M N P A T U I O L
S S K E E T E U Q O R C F
C H T L I R H U T R N W W
U H O N M F O B U H R K A
S T G O F I A N S Y B I R
A V G Z I N N R F W A D Q
K D V S L Y U F C D V S
V R T C N D N I C U I L K
T P Y G V D F G N C S Q S
W S O Y L T G F M G H Y
L G S O E G N I X O B V M
K I S Q L O T T O A P P L
```

SOLUTIONS

41

42

43

44

45

46

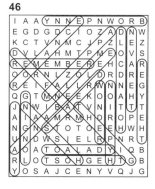

47

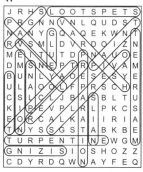

48

SOLUTIONS

49

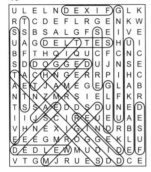

50

51

52

53

54

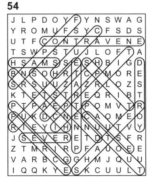

55

56

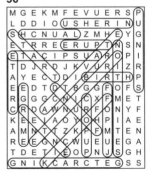

SOLUTIONS

57

58

59

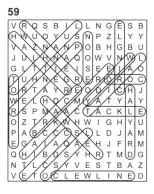

60

61

62

63

64

SOLUTIONS

65

66

67

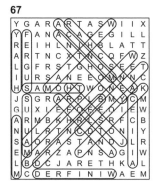

68

69

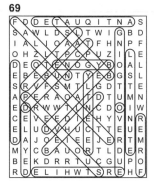

70

71

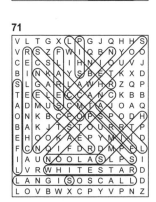

72

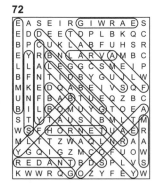

SOLUTIONS

73

74
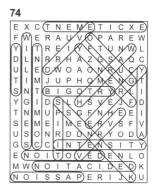

75
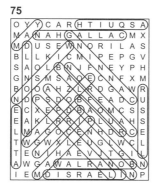

76

77
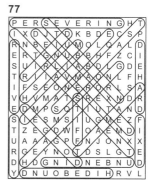

78

79

80

SOLUTIONS

81

82

83

84

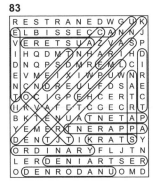

85

86

87

88

SOLUTIONS

89

90

91

92

93

94

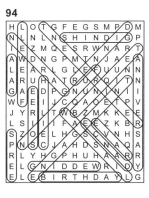

95

96

SOLUTIONS

97

98

99

100

101

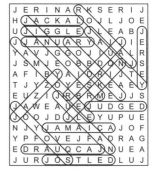

102

103

104

SOLUTIONS

105

106

107

108

109

110

111

112

SOLUTIONS

113

114

115
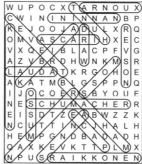

116
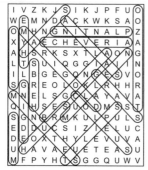

117
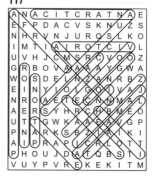

118
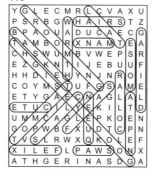

119

120
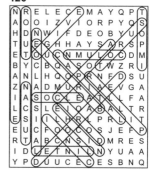

SOLUTIONS

121

122

123

124

125

126

127

128

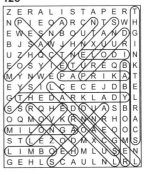

SOLUTIONS

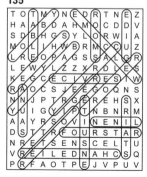

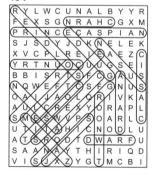

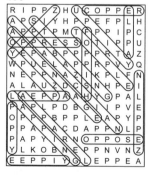

SOLUTIONS

137

138

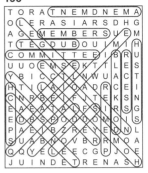

139

140

141

142

143

144

SOLUTIONS

145

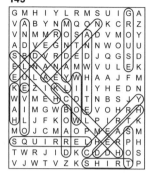

146

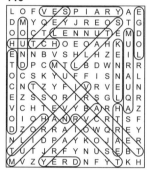

147

148

149

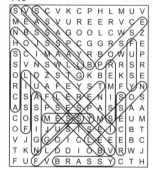

150

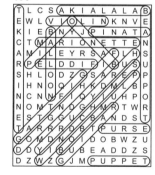

151

152

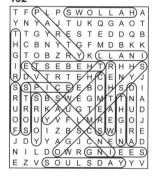

SOLUTIONS

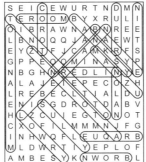

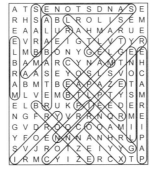

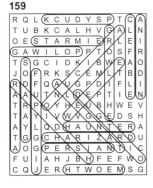

SOLUTIONS

161

162

163

164

165

166

167

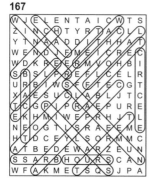